Le droit du financement participatif (crowdfunding)

Logiques Juridiques

Fondée par Gérard Marcou

Dirigée par Jean-Claude Némery et Thomas Perroud

Le droit n'est pas seulement un savoir, il est d'abord un ensemble de rapports et pratiques que l'on rencontre dans presque toutes les formes de sociétés. C'est pourquoi il a toujours donné lieu à la fois à une littérature de juristes professionnels, produisant le savoir juridique, et à une littérature sur le droit, produite par des philosophes, des sociologues ou des économistes notamment.
Parce que le domaine du droit s'étend sans cesse et rend de plus en plus souvent nécessaire le recours au savoir juridique spécialisé, même dans des matières où il n'avait jadis qu'une importance secondaire, les ouvrages juridiques à caractère professionnel ou pédagogique dominent l'édition, et ils tendent à réduire la recherche en droit à sa seule dimension positive. À l'inverse de cette tendance, la collection « Logiques juridiques » des éditions L'Harmattan est ouverte à toutes les approches du droit. Tout en publiant aussi des ouvrages à vocation professionnelle ou pédagogique, elle se fixe avant tout pour but de contribuer à la publication et à la diffusion des recherches en droit, ainsi qu'au dialogue scientifique sur le droit. Comme son nom l'indique, elle se veut plurielle.

Dernières parutions

Lucie CLUZEL-MÉTAYER et Arnaud SÉE (dir.), *Eléments de droit public du numérique*, 2023.
Komla BASSAH, *Le pouvoir de décision du Comité des droits de l'homme des Nations Unies, Entre légitimité, autorité et effectivité*, 2023.
Erick LWAMBA MAYANGA, *La passation des marchés publics infranationaux en RD Congo*, 2023.
Louis-Marie AUDRERIE, *Le droit hiérosolymitain dans l'Orient latin du XIe au XVIe siècle. Les « Assises de Jérusalem »*, 2023
Xavier LABBEE, *Le droit français et l'avènement du matriarcat*, 2023.

Jean Lefebvre

LE DROIT DU FINANCEMENT PARTICIPATIF (CROWDFUNDING)

Deuxième édition

L'Harmattan

5-7, rue de l'Ecole-Polytechnique, 75005 Paris
http://www.editions-harmattan.fr
ISBN : 978-2-336-41528-4
EAN : 9782336415284

INTRODUCTION

1°) L'accès au financement est un enjeu crucial pour l'Entreprise. Elle doit financer sa création et son développement. Idéalement, la capacité d'autofinancement est le moyen le plus sain. Il est pourtant prématuré ou insuffisant, notamment pour financer les investissements indispensables à l'activité.

Heureusement, il existe des relais de financement comme les banques, le capital-risque, les proches avec la « *love money* ». En réalité, les deux premières sources de financement font défaut à maintes entreprises qui ne présentent pas la solidité financière suffisante, un historique suffisant, une crédibilité suffisante, compatibles avec les standards institutionnels. De plus, pour les entreprises éligibles à ce type de financement, l'accès à celui-ci est souvent long, onéreux, aléatoire, parsemé d'intermédiaires coûteux, parfois douteux.

2°) C'est dans cet environnement que le *crowdfunding* apparaît comme une alternative au financement des entreprises, des projets. Le *crowdfunding* ou financement participatif est un mode de financement utilisé par des porteurs de projet qui sollicitent des fonds auprès d'investisseurs, les uns et les autres étant mis en relation grâce à un intermédiaire officiant depuis une plateforme sur internet.

Immédiatement, le *crowdfunding* prend le contrepied des modes de financement classiques en mettant directement en relation un investisseur et un porteur de projet avec comme seul intermédiaire une plateforme internet. Le processus d'investissement s'en trouve beaucoup plus rapide et moins onéreux.

3°) Le *crowdfunding* est un phénomène éclectique ; il recouvre des situations différentes tant pour le projet que pour les investisseurs.

Le *crowdfunding* permet ainsi de financer une entreprise au sens commercial, un projet humanitaire, un projet sportif, éducatif, artistique.

Selon l'ordonnance du 30 mai 2014, un projet financé par le *crowdfunding* consiste en un achat ou un ensemble d'achats de biens ou de prestations de service concourant à la réalisation d'une opération prédéfinie en termes d'objet, de montant et de calendrier.

Les investisseurs sont aussi variés et représentent l'ensemble du tissu économique et citoyen. Les bailleurs de fonds peuvent être des particuliers comme des associations ou des entreprises.

L'éclectisme s'infère aussi de la taille des projets dont le besoin en financement va de quelques centaines d'euros à plusieurs millions. Du point de vue des investisseurs, et indépendamment de la taille du projet élu, ils peuvent financer à hauteur d'une poignée d'euros à plusieurs millions d'euros.

De même, le *crowdfunding* révèle l'utilisation de toutes les formes juridiques de structures existantes : les particuliers, les sociétés, les associations, les groupements hybrides...

Enfin, le *crowdfunding* se concrétise par plusieurs voies : la levée de fonds par l'entrée au capital d'une société, la levée de fonds par l'octroi d'un prêt, l'apport de fonds libéral sans réelle contrepartie, sans compter les opérations hybrides dénuées de qualification juridique.

Bref, derrière la notion, le phénomène du *crowdfunding*, toutes les situations de projet, d'investisseurs semblent représentées.

4°) Dans la logique de l'entreprise au sens large, le *crowdfunding*, phénomène éclectique, est fédéré autour d'une réalité commune et transversale : le risque, donnée consubstantielle à l'entreprise et à tout projet. Une entreprise ou un projet peut réussir, plus ou moins, ou péricliter. Le problème est qu'il est parfois difficile de connaître les chances de réussite ou de perte a priori...

Le *crowdfunding* est confronté à plusieurs risques.

L'investisseur veut que son capital soit protégé sinon garanti. Or, le premier risque est pour l'investisseur, le risque de perdre son investissement. Même si le *crowdfunding* fait écho à une règle de diversification du risque par le nombre de projets et l'adaptation du montant de l'investissement ; l'investisseur peut perdre tout ou partie de son investissement.

L'investisseur veut que le capital mobilisé lui rapporte de l'argent régulièrement ou à la fin du projet. Il est aussi confronté à l'incertitude concernant le niveau de son rendement : la contrepartie pécuniaire du risque pris.

L'investisseur veut que son capital soit bien utilisé, mais il y a une marge d'incertitude quant à l'utilisation effective des fonds qu'il investit. Par exemple, un particulier qui finance un projet humanitaire doit être certain que les fonds seront bien utilisés à cette fin.

L'investisseur veut être sûr de récupérer sa mise de départ avec, si possible, un certain rendement lorsqu'il décide de se retirer. Or, il peut ne pas être en mesure de sortir du projet au moment où il le décide. Par exemple, un investisseur souscrit au capital d'une société en plein développement. Quelques mois plus tard, il souhaite se retirer. S'il ne trouve pas une contrepartie pour racheter sa participation, il ne peut pas sortir de la société et récupérer son apport. C'est le risque d'illiquidité du capital.

5°) Dans cet environnement risqué, l'enjeu est de sécuriser les parties prenantes et en particulier les investisseurs. Derrière cette sécurité se profile la confiance. La confiance est le seul carburant, parfois irrationnel, susceptible de développer le *crowdfunding*, et avec lui l'avènement d'une véritable démocratie financière. De ce point de vue, la finance n'est plus un ennemi mais un facteur démocratique.

Dans cette logique, l'objectif de sécurité et de confiance implique :

— de sécuriser l'opération pour les parties prenantes,

— de fluidifier l'opération qui doit être facile et rapide,

— tout en assurant la protection des investisseurs.

Ces objectifs sont pris en compte par les règles régissant le financement. Par exemple, l'investisseur est largement protégé, car il est informé, il est entouré d'intervenants régulés, assurés, compétents, car les projets sont transparents, contrôlés.

Or, ces règles classiques du droit du financement sont particulièrement strictes.

À ce stade, l'enjeu juridique fondamental du *crowdfunding* est la compatibilité de ces règles préexistantes avec les impératifs du *crowdfunding*.

Nous le verrons, cette compatibilité n'est pas évidente. Par exemple, le *crowdfunding* par voie de prêt se heurte rapidement au monopole bancaire. Le *crowdfunding* par voie d'entrée au capital se heurte à la rigidité du droit des sociétés, à la dissuasion des offres publiques.

6°) À travers l'ordonnance du 30 mai 2014, le législateur s'est emparé de ce problème et a réformé le droit du financement afin de créer un cadre légal sécurisé et propice au *crowdfunding*. La loi offre un cadre défini pour le *crowdfunding* tout en assurant la protection des différentes parties prenantes.

D'ores et déjà, le cadre légal du *crowdfunding* est d'emblée plafonné. En effet, le cadre légal n'a vocation à s'appliquer qu'à des projets ou à des investissements ne dépassant pas un certain montant. L'effet de seuil est évident. Et le niveau relativement modeste des plafonds risquerait de cantonner le *crowdfunding* à une mesure gadget peu concurrentielle avec les autres voies de financement, bancaire notamment.

C'est pour cette raison qu'au-delà de ce cadre juridique opportun, le *crowdfunding* doit s'inscrire dans le droit positif global.

7°) Le cadre légal repose largement sur la pierre angulaire du *crowdfunding* : les plateformes internet servant d'intermédiaire entre bailleurs de fonds et porteurs de projet.

En effet, l'ordonnance du 30 mai 2014 vient mettre un terme à l'absence de cadre juridique stable des intermédiaires. Elle donne aux intermédiaires une place centrale : le conseiller en financement participatif et l'intermédiaire en financement participatif. La loi définit les intermédiaires en financement participatif comme des personnes qui exercent, à titre habituel, l'intermédiation pour les opérations de prêt à titre onéreux ou sans intérêt[1]. L'intermédiation en financement participatif consiste à mettre en relation, au moyen d'un site internet, les porteurs d'un projet déterminé et les personnes finançant ce projet.

La loi crée un statut particulier dont l'accès est subordonné au respect de conditions strictes de compétence, d'honorabilité, d'immatriculation et d'assurance.

Ces intermédiaires doivent protéger les investisseurs en les informant de manière intelligible sur les projets, en

---

1 C. mon. fin., art. L. 548-2.

prenant en compte leur situation personnelle, en les conseillant et, le cas échéant, en les dissuadant.

À cette fin, la loi oblige l'intermédiaire à vérifier la situation financière et juridique du porteur de projet, transformant l'intermédiaire en auditeur externe...

Derrière ce statut et ces obligations comparables à celles du Conseil en investissements financiers, l'intermédiaire doit être assuré contre le risque d'engagement de sa responsabilité professionnelle. L'intermédiaire prend la place d'une variable d'ajustement face à la prise de risque des investisseurs qui pourraient faire un mauvais investissement. L'investissement moribond serait, alors, le signe avant-coureur d'un manquement de l'intermédiaire dans l'une ou l'autre de ses obligations ?

Raisonnablement, la mise en place d'un cadre légal va permettre de favoriser l'essor du *crowdfunding* en France.

8°) Le législateur a pris en compte un risque potentiel, proportionnel au développement du *crowdfunding*. Le succès du *crowdfunding* va créer une opportunité pour blanchir des capitaux dont l'origine est frauduleuse. Le *crowdfunding* peut apparaître comme un bon moyen pour blanchir l'argent sale : c'est la phase au cours de laquelle les délinquants disséminent l'argent sale dans l'économie réelle.

Le *crowdfunding* par la diversité des montants, des situations juridiques et donc des difficultés de contrôle, est un phénomène exposé au risque de blanchiment. La prévention passe par un rôle de contrôle des intermédiaires, qui doivent vérifier l'origine concrète des fonds versés sur leur plateforme. Le succès et les écueils du Bitcoin montrent combien le rôle de l'intermédiaire peut être difficile en termes de contrôle et, finalement, risqué juridiquement.

9°) Fort de ces enjeux et de ces risques, le *crowdfunding* doit en fonction de sa qualification juridique combiner son statut spécifique avec le droit positif préexistant. Le recours pragmatique à ces deux régimes est la clé du succès du *crowdfunding*.

PARTIE 1 :

LE FINANCEMENT PARTICIPATIF PAR VOIE DE PRET

La voie du prêt est l'une des techniques juridiques principalement utilisées par les porteurs de projet pour lever les fonds nécessaires à leur projet.

Cette opération de levée de fonds par voie de prêt embrasse une multitude de situations juridiques et contractuelles.

En effet, un porteur de projet peut avoir un besoin de financement très variable, qui peut aller de quelques milliers d'euros pour acquérir une machine à plusieurs centaines de milliers d'euros pour financer un projet plus important.

De même, la demande de prêt par un porteur de projet peut donner lieu à la conclusion d'un prêt, ou de plusieurs, voire de nombreux petits prêts pour un même projet. D'ailleurs, un investisseur peut aussi prêter plusieurs fois à un porteur de projet dans lequel il croit.

Par exemple, un porteur de projet a besoin de 10 000 € pour acquérir un véhicule électrique en vue de lancer une entreprise de transport écologique. Il sollicite une plateforme qui met en ligne son projet innovant. Il obtient rapidement 10 000 € par une centaine de prêteurs qui souscrivent chacun pour une moyenne de 100 €.

Le porteur de projet est heureux, il peut acheter son véhicule, grâce à des prêts, à un taux à peine plus élevé que celui de la banque voisine, qui lui a d'ailleurs refusé le prêt, faute de garantie et d'historique suffisants.

Les prêteurs sont heureux car ils aident un entrepreneur à se lancer, tout en faisant un bon placement, 6 % par an, bien plus que ce que la banque leur proposerait.

De plus, ils ne prennent pas de risque, car ils prêtent un peu à chaque porteur de projet. Ils respectent l'adage universel de ne pas mettre tous ses œufs dans le même panier. La banque parle de diversification.

Bref, tous ensemble, ils partagent le bonheur de faire une bonne affaire financière et humaine.

Pourtant, ils partagent aussi un problème juridique de taille : leur opération est illégale.

En effet, le prêteur confiant qui consent plusieurs prêts avec un taux d'intérêt de 6 % et le porteur de projet qui a reçu des fonds de ces nombreux prêteurs exercent une activité qui est réservée aux banquiers. Leur faire concurrence sans avoir une autorisation de la Banque de France est illégal. C'est un délit d'exercice illégal du métier de banquier très sévèrement sanctionné.

Quant à la plateforme, elle intervient comme intermédiaire dans une opération de prêt, ce qui sans agrément est illégal.

Ainsi, une opération typique du *crowdfunding* devient un enfer juridique qui expose ces parties prenantes à de lourdes sanctions : nullité des actes, sanctions pénales.

C'est la révélation de l'incompatibilité du *crowdfunding* par voie de prêt avec le droit bancaire.

Cependant, il existe en France certaines dérogations juridiques qui permettent, dans une mesure étroite, de pratiquer légalement le *crowdfunding* par voie de prêt.

CHAPITRE I :

LE FINANCEMENT PARTICIPATIF PAR VOIE DE PRET FACE AU MONOPOLE BANCAIRE

Le *crowdfunding* par voie de prêt apparaît, d'emblée, comme une situation juridique délicate. Chaque aspect du processus de sollicitation, d'octroi et de perception du prêt heurte les règles et le domaine réservé des opérations de banque.

L'intervention dans ce domaine nécessite un agrément étatique, qui vérifie que les conditions légales sont bien remplies. Il s'agit notamment d'un capital important.

Dès lors, obliger les parties prenantes dans une opération de *crowdfunding* à devenir des établissements bancaires ou parabancaires est antinomique. Cet impératif est contraire à l'essence même du *crowdfunding* qui constitue une alternative aux banques.

Pourtant, il « *est interdit à toute personne autre qu'un établissement de crédit d'effectuer des opérations de banque à titre habituel. Il est, en outre, interdit à toute entreprise autre qu'un établissement de crédit de recevoir du public des fonds à moins de deux ans de terme* »[1].

---

[1] C. mon. fin., art. L. 511-5.

Les établissements de crédit sont « *des personnes morales qui effectuent à titre de profession habituelle des opérations de banque* ».

Certes, l'ordonnance du 30 mai 2014 est venue aménager des dérogations permettant dans une moindre mesure au *crowdfunding* d'échapper aux règles du monopole bancaire.

Mais, au-delà de ces exceptions, le *crowdfunding* par voie de prêt heurte le monopole des établissements de crédit sur l'exercice des opérations de banque pour les parties au prêt.

De même, la plateforme internet par laquelle les parties sont entrées en relation relève d'un domaine régulé : la mise à disposition de moyen de paiement et l'intermédiation en matière de crédit.

SECTION 1 :
La situation des parties au prêt

L'opération de *crowdfunding* par voie de prêt heurte le monopole bancaire tant pour le prêteur que pour le porteur de projet.

En principe, ces opérations ne sont pas illégales pourvu que les parties prenantes aient un agrément pour respecter la loi.

I– Une incompatibilité avec le monopole bancaire

Les opérations de banque sont la réception de fonds du public, des opérations de crédit et de la mise à la disposition de la clientèle ou de la gestion de moyens de paiement.

Cette définition affecte tant la situation du porteur de projet, qui reçoit des fonds, que celle du bailleur de fonds qui les prête.

A/ La situation du porteur de projet qui reçoit des fonds du public

La loi prévoit que sont considérés comme fonds reçus du public les fonds qu'une personne recueille d'un tiers, notamment sous forme de dépôts, avec le droit d'en disposer pour son propre compte, mais à charge pour elle de les restituer.

Le premier critère pour qualifier que les fonds sont reçus du public et constituent dès lors une opération de banque, réside dans le fait que les sommes sont recueillies de tiers, c'est-à-dire des personnes distinctes de celles du dépositaire.

Le tiers est la personne quelconque qui remet des fonds ; du moment que le bénéficiaire reçoit des fonds d'une autre personne que lui-même, il reçoit des fonds du public.

Toutefois, les personnes intéressées sont d'abord les personnes disposant d'une participation substantielle dans l'entreprise, fixée à au moins 5 % du capital social par le 1° de cet article. Ce seuil de participation vise à interdire la collecte de dépôts ou de fonds auprès du public par des sociétés commerciales ou coopératives qui masqueraient cette opération de nature bancaire par une participation symbolique au capital.

La qualification de réception de fonds du public, constitutive d'une opération de banque, n'est pas liée à la nature juridique de l'opération par laquelle les fonds sont reçus. Il n'y a pas confusion entre réception de fonds et dépôt, au sens de la définition du Code civil[2].

Les fonds reçus du public ne sont pas exclusivement des dépôts, car la loi n'est pas limitative en indiquant :

« *notamment sous forme de dépôts* ».

---

[2] Th. Bonneau, Droit bancaire, Montchrestien 1996, 2e éd., n° 46.

La notion de « fonds reçus du public » vise les opérations qui, ayant des natures juridiques diverses, ont pour effet économique de faire courir un risque aux tiers.

Dans ce sens, le trait fondamental de la réception de fonds du public est que le bénéficiaire a le droit de disposer des fonds pour son propre compte, à charge pour lui de les restituer.

Cette situation fait directement écho au porteur de projet qui collecte notamment par voie de prêt des fonds à titre onéreux ou non. Il reçoit des fonds de tiers (via la plateforme) pour en faire un usage pour son propre compte, la réalisation du projet, avec l'obligation de restitution prévue dans le contrat de prêt au terme prévu.

Dans cette logique, la situation du porteur de projet entre dans le périmètre des opérations de banque, comme celle du bailleur de fonds qui consent le prêt.

B/ La situation du prêteur réalisant une opération de crédit

Une opération de crédit s'entend de tout acte par lequel une personne agissant à titre onéreux met ou promet de mettre des fonds à la disposition d'une autre personne ou prend, dans l'intérêt de celle-ci, un engagement de garantir sa dette par signature.

Cette définition est le reflet de la diversité des opérations de crédit. « La notion d'opération de crédit est une notion économique qui recouvre diverses opérations juridiques (*prêt, avance, découvert, escompte*, etc.). Il faut considérer la finalité économique de chaque opération et non pas la technique utilisée pour la réaliser »[3].

---

[3] MM. Rodière et Rives-Lange, Droit bancaire, Précis Dalloz 1980, n° 229, p. 284. 5 Cass. com., 27 févr. 2001 pourvoi n° 95-18.569, arrêt n° 415 FS-P, *Juris-Data* n° 2001-008369 ; RD bancaire et fin. 2001, p. 73, comm. F.-J. Crédot et Y. Gérard.

La situation de prêteur dans une opération de *crowdfunding* entre bien dans le champ d'application du monopole bancaire.

La jurisprudence assimile à l'exercice illégal de la profession de banquier le fait, pour un particulier, de prêter les fonds provenant de son « *patrimoine personnel privé* »[4].

Enfin, l'opération de crédit constitutive d'une opération de banque est un acte conclu à titre onéreux, à savoir un « *acte par lequel chacune des parties recherche un avantage* ». Il s'oppose donc à la libéralité. Pour ce qui concerne les opérations de crédit, le caractère onéreux repose sur la perception par le prêteur de commissions, agios ou intérêts, voire sur une indexation du capital ou sur toute autre forme de rémunération directe ou indirecte[5].

C'est pourquoi les prêts consentis sans taux d'intérêt ne relèvent pas du monopole bancaire.

L'opération de prêt doit être réalisée à titre habituel ce qui implique plusieurs opérations avec plusieurs bénéficiaires.

Dans le cadre du *crowdfunding*, les parties prenantes à une levée de fonds par voie de prêt doivent donc être agréées comme établissement de banque. Cette dimension est théorique tant elle heurte la raison d'être du *crowdfunding*. Mais à ce stade, elle est imposée par la Loi.

---

[4] GUILLIEN (Raymond) et VINCENT (Jean), Lexique des termes juridiques, Dalloz 1995.

[5] Cass. crim., 2 mai 1994, n° 93-83.512 in Bulletin des arrêts de la Cour de cassation : Chambre criminelle (Bull. crim.) 1994, n° 158 ; JCP E 1995, I, 463, n° 4, obs. GAVALDA (Christian) et STOUFFLET (Jean) ; Cass. com., 3 déc. 2002, n° 00-16.957, in Bulletin des arrêts de la Cour de cassation : Chambre civile (Bull. civ.) 2002, IV, n° 182 ; RTD com. 2003, p. 344, obs. LEGEAIS (Dominique) ; Banque et droit 2003, n° 89, p. 55, obs. BONNEAU (Thierry) ; JCP E 2003, 853, note DONDERO (Bruno) ; D. 2003, AJ p. 202 ; Cass. crim., 17 oct. 2007, n° 07-81.038 ; CA Versailles, 15 sept. 2011, n° 10/08029, in L'Essentiel Droit bancaire, févr. 2012, p. 2, n° 003, obs. LASSERRE CAPDEVILLE (Jérôme).

II– La nécessité d'un agrément

En principe, la réalisation d'opérations relevant du monopole bancaire implique que les intervenants concernés obtiennent un agrément de l'autorité de régulation du secteur.

Cependant, le législateur a pris en compte la spécificité du *crowdfunding* et son incompatibilité avec l'agrément. Ainsi, l'ordonnance du 30 mai 2014 a prévu une exception applicable au *crowdfunding*.

A/ Les conditions de l'agrément

L'octroi de l'agrément bancaire revient au Comité des établissements de crédit qui dispose d'un entier pouvoir d'appréciation. On peut, ainsi, distinguer trois types de conditions prévues par la loi bancaire à l'agrément des établissements de crédit. Elles concernent :

— l'entreprise envisagée,

— les dirigeants,

— les apporteurs de capitaux.

1. Conditions relatives à l'entreprise

Les établissements de crédit sont *« des personnes morales qui effectuent à titre de profession habituelle des opérations de banque »*. Cette définition exclut qu'une personne physique puisse exercer l'activité de banquier, dans le cadre d'une entreprise individuelle ou associative. Il revient au Comité des établissements de crédit de vérifier « l'adéquation de la forme juridique de l'entreprise à l'activité d'établissement de crédit ».

Les établissements de crédit doivent disposer d'un capital libéré ou d'une dotation versée d'un montant au moins égal à 5 000 000 €.

Le Comité des établissements de crédit et des entreprises d'investissement prend en compte le programme d'activités du demandeur, les moyens techniques et financiers qu'il prévoit de mettre en œuvre, la qualité des apporteurs de capitaux et, le cas échéant, de leurs garants.

Le programme d'activités doit contenir les indications suivantes :

— nature et volume des différents services offerts à la clientèle ;

— composition de la clientèle *(emprunteurs* et *déposants)* que l'entreprise se propose d'approcher ;

— nature et parts respectives des ressources attendues de ses associés, du public ou du marché monétaire ;

— nombre d'agents pour chaque catégorie de personnel ;

— organisation et moyens prévus notamment en matière d'approche de la clientèle *(création de guichets, recours à des intermédiaires)* et dans le domaine de la comptabilité et de l'équipement informatique ;

— bilans, comptes d'exploitation et résultats prévisionnels pour les trois prochains exercices.

2. Conditions relatives aux dirigeants

« La détermination effective de l'orientation de l'activité des établissements de crédit doit être assurée par deux personnes au moins », lesquelles doivent remplir des conditions d'honorabilité et de compétence.

3. Conditions relatives aux apporteurs de capitaux

Le Comité « *prend en compte* [...] *la qualité des apporteurs de capitaux et, le cas échéant, de leurs garants* ».

B/ Prêt : l'exception légale au monopole bancaire

• D'une part, l'Ordonnance n° 2014-559 du 30 mai 2014 art. 15 prévoit une exception au monopole bancaire concernant les opérations de *crowdfunding* par voie de prêt.

Désormais, l'interdiction relative aux opérations de crédit ne s'applique pas aux personnes physiques qui, agissant à des fins non professionnelles ou commerciales, consentent des prêts dans le cadre du financement participatif de projets déterminés, et dans la limite d'un prêt par projet[6].

Le prêt concerné par cette exception ne peut excéder 1 000 € par prêteur et par projet.

Sa durée ne peut excéder sept ans.

Le taux d'intérêt, fixe, ne doit pas dépasser le taux d'usure.

Un prêt sans intérêt ne peut excéder 4 000 € par prêteur et par projet.

Un porteur de projet ne peut emprunter plus d'un million d'euros par projet.

---

[6] C. mon. fin., art. L. 511-6, 7° ;C. mon. fin., art. D. 511-6.

Cette dérogation ne vise que les personnes physiques non professionnelles, à concurrence d'un prêt par projet. Le montant du prêt n'est pas encore connu.

• D'autre part, l'interdiction relative aux opérations de crédit ne s'applique pas :

a) aux organismes sans but lucratif qui, dans le cadre de leur mission et pour des motifs d'ordre social, accordent, sur leurs ressources propres, des prêts à conditions préférentielles à certains de leurs adhérents[7].

b) L'exception vise aussi les associations sans but lucratif et les fondations reconnues d'utilité publique accordant, sur ressources propres et sur ressources empruntées, des prêts pour la création, le développement et la reprise d'entreprises dont l'effectif salarié ne dépasse pas un seuil fixé par décret ou pour la réalisation de projets d'insertion par des personnes physiques.

Ces associations et fondations ne sont pas autorisées à procéder à l'offre au public d'instruments financiers. Elles peuvent financer leur activité par des ressources empruntées auprès des établissements de crédit, des sociétés de financement et des institutions ou services mentionnés à l'article L. 518-1, ainsi qu'auprès de personnes physiques, dûment avisées des risques encourus.

Les prêts consentis par les personnes physiques sont non rémunérés et ne peuvent être d'une durée inférieure à deux ans[8].

Ces associations et fondations indiquent, dans leur rapport annuel, le montant et les caractéristiques des prêts qu'elles financent ou qu'elles distribuent.

---

7 C. mon. fin., art. L. 511-6, 1°.

8 C. mon. fin., art. L. 511-6, 5°.

SECTION 2 :
La situation de l'intermédiaire

La plateforme internet joue un rôle essentiel dans le processus de *crowdfunding* : elle sert d'intermédiaire entre porteur de projet et bailleur de fonds.

Pour optimiser son intervention et cette mise en relation, la plupart des plateformes mettent à disposition des bailleurs de fonds une interface de paiement, un terminal de carte bancaire. Cette interface permet à l'investisseur de concrétiser son investissement en transférant immédiatement des fonds chez l'intermédiaire au bénéfice de tel porteur de projet.

Ce faisant, la plateforme propose un outil de paiement.

Ce rôle d'intermédiaire dans une opération de prêt et la mise à disposition de moyen de paiement sont deux situations nécessitant un agrément.

I– La mise à disposition de moyen de paiement par les plateformes

La mise à disposition de moyen de paiement est le corollaire du recours, par l'intermédiaire, à internet. La majorité des sites de *crowdfunding* proposent une interface de paiement pour permettre au bailleur de fonds d'investir directement en ligne via la plateforme. Cette configuration consubstantielle au *crowdfunding* relève du monopole bancaire et astreint les intermédiaires à être agréés.

Devant la lourdeur des critères d'agrément, le législateur a adapté les critères d'agrément aux impératifs du *crowdfunding*.

A/ Une opération de banque en principe soumise à l'agrément

Les moyens de paiement s'entendent de « tous les instruments qui, quel que soit le support ou le procédé technique utilisé, permettent à toute personne de transférer des fonds ».

La mise à disposition par les plateformes d'une interface permettant de payer par carte bancaire, comme pour un simple achat en ligne, constitue bien une mise à disposition de moyen de paiement.

La procédure d'agrément est donc exactement la même pour les entreprises d'investissement.

Le Comité des établissements de crédit et des entreprises d'investissement doit vérifier davantage de conditions que l'agrément spécifique des établissements de crédit.

Ainsi, outre la vérification du capital initial adapté à la nature des services que l'entreprise souhaite fournir, de la forme juridique et de l'approbation du programme d'activité par les autorités compétentes, le comité doit examiner si le requérant a son siège social en France, fournit l'identité de ses actionnaires, directs ou indirects, qui détiennent une participation qualifiée ; le comité apprécie la qualité des actionnaires au regard de la nécessité de garantir une gestion saine et prudente de l'établissement de crédit. Il vérifie également si l'orientation de son activité est déterminée par deux personnes au moins.

Le capital minimum a été fixé à 125 000 €[9].

Outre les conditions de l'agrément bancaire précédemment exposées, le comité doit vérifier si le requérant dispose :

---

[9] Les plateformes de *crowdfunding* relèvent de l'art. L. 314-1 du C. mon. fin., 7°.

1° compte tenu de la nature du service qu'il entend fournir, un capital initial suffisant » ;

2° d'une forme juridique adéquate à la fourniture de services d'investissement ;

3° d'un programme d'activité approuvé pour chacun des services qu'il entend fournir.

Comme pour les parties au prêt, la situation de la plateforme est incompatible avec les exigences légales pour obtenir un agrément. C'est pourquoi le législateur a adapté les conditions permettant aux plateformes d'être régulées en tant qu'établissement de paiement avec un agrément limité.

B/ L'intérêt d'un établissement de paiement avec un agrément limité

L'Ordonnance n° 2014-559 du 30 mai 2014 art. 16 prévoit la mise en place d'un agrément d'établissement de paiement limité[10]. Le contrôle est toujours très important, mais reste adapté à la réalité du *crowdfunding*. Il ne s'agit pas d'une exonération permettant aux plateformes de s'affranchir du droit bancaire, mais plutôt d'une adaptation des exigences légales au *crowdfunding*.

1. La délivrance d'un agrément limité pour fournir des moyens de paiement

L'Autorité de contrôle prudentiel et de résolution peut délivrer un agrément d'établissement de paiement limité, lorsque le montant total prévisionnel des opérations de paiement ne dépasse pas trois millions d'€ par mois[11].

---

[10] C. mon. fin., art. L. 522-11-1.

[11] C. mon. fin., art. D. 522-1-1.

Ce plafond s'applique au montant total moyen, pour les douze mois précédents, des opérations de paiement exécutées par l'établissement de paiement, y compris par ses agents.

Les établissements mentionnés au premier alinéa sont tenus d'adresser à l'Autorité de contrôle prudentiel et de résolution une déclaration périodique par laquelle ils certifient qu'ils respectent les conditions de l'agrément limité.

L'agrément limité cesse un mois après que l'Autorité de contrôle prudentiel et de résolution a constaté que les conditions prévues au présent article n'étaient plus remplies.

Le montant du capital minimum des établissements de paiement est fixé à 40 000 €[12].

Les intermédiaires bénéficiant de cet agrément voient leurs règles de fonctionnement simplifiées :

— d'abord, ils ne sont pas astreints à respecter des normes de gestion destinées à garantir leur solvabilité, ainsi que l'équilibre de leur structure financière ;

— ensuite, ils ne doivent pas disposer d'un dispositif adéquat de contrôle interne leur permettant notamment de mesurer les risques et la rentabilité de leurs activités, y compris lorsqu'ils confient à des tiers des fonctions ou autres tâches opérationnelles essentielles ou importantes ;

— enfin, ils ne doivent pas respecter un niveau de fonds propres adéquat. L'exigence de fonds propres est spécifique.

Le fait, pour un intermédiaire en financement participatif, de méconnaître l'une de ces obligations est puni de l'amende prévue pour les contraventions de cinquième classe[13].

---

12 C. mon. fin., art. D. 522-1-2.

13 C. mon. fin., art. R. 571-3.

2. Les règles de fonctionnement

Cependant, les intermédiaires doivent prendre des mesures pour protéger les fonds reçus[14].

a. La protection des fonds reçus

Les fonds reçus – soit des utilisateurs de services de paiement, soit par le biais d'un autre prestataire de services de paiement, pour l'exécution d'opérations de paiement – sont protégés, conformément à l'une des deux méthodes suivantes, ce choix étant laissé à l'appréciation de l'établissement de paiement.

Les fonds reçus ne sont, en aucun cas, confondus avec les fonds de personnes physiques ou morales autres que les utilisateurs de services de paiement pour le compte desquels les fonds sont détenus.

Les fonds restant sur le compte de l'utilisateur de services de paiement à la fin du jour ouvrable suivant le jour où ils ont été reçus, tel que défini au d) de l'article L. 133-4, sont déposés sur un compte distinct auprès d'un établissement de crédit habilité à recevoir des fonds à vue du public.

Ils peuvent aussi être investis en instruments financiers conservés dans des comptes ouverts spécialement à cet effet auprès d'une banque.

Ces fonds sont protégés contre tout recours d'autres créanciers de l'établissement de paiement, y compris en cas de procédure d'exécution ou de procédure d'insolvabilité ouverte à l'encontre de l'établissement.

Les fonds reçus sont couverts par un contrat d'assurance ou une autre garantie comparable d'une entreprise d'assurances, d'une société de financement ou d'un établissement de crédit n'appartenant pas au même groupe, dans les conditions définies par arrêté du ministre chargé de

---

[14] C. mon. fin., art. L. 522-17.

l'économie, qui assure ou garantit les utilisateurs des services de paiement contre la défaillance de l'établissement de paiement dans l'exécution de ses obligations financières.

Lorsque les fonds remis peuvent être utilisés, d'une part, pour exécuter de futures opérations de paiement et, d'autre part, pour des services autres que les services de paiement, la partie des fonds reçue pour l'exécution de futures opérations de paiement est protégée.

Si cette partie est variable ou ne peut être déterminée à l'avance, les établissements de paiement procèdent à l'évaluation de la part représentative des fonds reçus pour l'exécution d'opérations de paiement qui sera aussi protégée.

Ces établissements ne sont pas autorisés à fournir les services de transmission de fonds.

b. La transparence

Les intermédiaires doivent respecter une obligation d'information : les établissements de paiement fournissent à leurs clients, de même qu'à toute personne qui en fait la demande, toute information utile sur les modalités de protection des fonds collectés. Les modifications sont portées à la connaissance des clients.

L'usage à des fins publicitaires de ces informations est interdit[17].

En conclusion, le législateur a pris en considération la spécificité des plateformes de *crowdfunding* au niveau de la mise à disposition de moyen de paiement, sans pour autant réduire la protection des prêteurs.

Le pragmatisme du législateur est aussi révélé au niveau du statut de la plateforme intervenant dans une opération de *crowdfunding* par voie de prêt.

II– La création d'intermédiaires en financement participatif

L'Ordonnance n° 2014-559 du 30 mai 2014 art. 17 institue un intermédiaire en financement participatif. Cette réforme vient encadrer de manière pragmatique les plateformes de *crowdfunding* qui pâtissaient jusqu'alors d'un cadre juridique inadapté et neutralisant.

L'ordonnance définit le domaine de cet intermédiaire en respectant la multitude des situations de *crowdfunding*. Elle définit aussi ses règles de fonctionnement, placées sous le signe de la protection des investisseurs et des porteurs de projet.

A/ Définition et obligation d'immatriculation

1. La notion

Le législateur définit largement l'intermédiation en matière de *crowdfunding*. La définition est judicieuse, car elle recouvre l'ensemble des situations, très éclectique, qualifié de *crowdfunding*.

La définition repose surtout sur la situation du porteur de projet, qui peut être une personne morale ou une personne physique pouvant solliciter un prêt avec ou sans intérêt ou un don.

Les intermédiaires en financement participatif sont des personnes qui exercent, à titre habituel, l'intermédiation pour les opérations de prêt à titre onéreux ou sans intérêt[15].

L'intermédiation en financement participatif consiste à mettre en relation, au moyen d'un site internet, les porteurs

---

[15] C. mon. fin., art. L. 548-2.

d'un projet déterminé et les personnes finançant ce projet dans les conditions suivantes[16].

1° Les personnes morales et les personnes physiques agissant à des fins professionnelles peuvent obtenir les crédits dans le cadre du financement participatif, des prêts sans intérêt et des dons.

2° Les personnes physiques souhaitant financer une formation initiale ou continue peuvent obtenir les crédits dans le cadre du financement participatif, des prêts sans intérêt, sous réserve que les prêteurs n'agissent pas dans un cadre professionnel ou commercial, et des dons.

3° Les personnes physiques n'agissant pas pour des besoins professionnels peuvent obtenir des prêts sans intérêt, sous réserve que les prêteurs n'agissent pas dans un cadre professionnel ou commercial, et des dons.

Un projet consiste en un achat ou un ensemble d'achats de biens ou de prestations de service concourant à la réalisation d'une opération prédéfinie en termes d'objet, de montant et de calendrier.

Les associations sans but lucratif et les fondations reconnues d'utilité publique peuvent être bénéficiaires de prêts sans intérêt et de dons.

Cependant, le domaine légal est limité quant au montant de l'opération. Les prêts consentis sont plafonnés.

Un décret fixe les plafonds respectifs du prêt avec intérêt et du prêt sans intérêt, consentis par prêteur, ainsi que le montant total du prêt qui peut être souscrit par chaque porteur de projet.

Dans la même logique, un projet verra sa levée de fonds plafonnée : un seul projet ne pourra pas demander plus de fonds que le plafond (fixé par décret).

---

16 C. mon. fin., art. L. 548-1.

Le cumul des encours de prêts souscrits sous forme de financement participatif ne peut excéder, pour un même projet, le plafond du montant total du prêt.

Le porteur de projet est responsable du respect de ses plafonds.

L'intermédiaire en financement participatif recueille auprès du porteur de projet tout élément permettant de s'assurer que ce dernier remplit cette condition. Toute information fournie par le porteur de projet erronée ou susceptible d'induire l'intermédiaire en financement participatif en erreur engage la responsabilité du porteur de projet.

2. Les conditions d'accès et d'exercice

Seules les personnes morales peuvent être intermédiaires en financement participatif. Cependant, les personnes (sans distinction) qui ne proposent que des opérations de dons peuvent être intermédiaires en financement participatif.

Le cumul d'activité des intermédiaires est strictement réglementé. L'intermédiaire peut être logiquement conseiller en investissement participatif seulement, sans pouvoir exercer d'autres activités.

Toutefois, lorsque cette activité d'intermédiaire en financement participatif est exercée à titre accessoire par un établissement de crédit, établissement de paiement ou de monnaie électronique ou une société de financement, cette activité est cumulable avec l'activité d'intermédiaire en assurance.

Les intermédiaires en financement participatif doivent être immatriculés[17] sur un registre unique des intermédiaires,

[17] C. mon. fin., art. L. 548-3.

registre librement accessible au public (immatriculation à l'ORIAS).

Les personnes physiques qui dirigent ou gèrent un intermédiaire en financement participatif doivent remplir des conditions d'honorabilité et de compétence professionnelle[18].

Les personnes physiques qui dirigent ou gèrent un intermédiaire en financement participatif ne doivent ni faire l'objet d'une incapacité liée à des condamnations pénales (principalement en matière d'infractions financières) depuis moins de 10 ans, ni exercer des fonctions de direction d'une personne faisant l'objet d'une sanction disciplinaire en matière bancaire[19].

Les personnes physiques qui dirigent ou gèrent un intermédiaire en financement participatif doivent justifier de compétences professionnelles[20] résultant :

1) soit d'un diplôme d'un niveau de formation I ou II sanctionnant des études supérieures en matière bancaire, financière, en sciences économiques ou commerciales, sciences de gestion, sciences physiques, mathématiques ou droit bancaire et financier, enregistré au répertoire national des certifications professionnelles[21] et relevant de nomenclatures de formation ;

2) soit d'une expérience professionnelle :

a) d'une durée de deux ans dans des fonctions liées à la réalisation d'opérations de financement participatif, d'opérations de crédit, de fourniture de services de paiement ou de services de conseil aux entreprises mentionné au 3 de l'article L. 321-2, acquises en tant que cadre au cours des cinq

---

18 *Ibid.*

19 *Ibid.*

20 *Ibid.*

21 Mentionné à l'article R. 335-12 du code de l'éducation.

dernières années précédant l'immatriculation dans le registre unique ;

b) d'une durée de trois ans dans des fonctions liées à la réalisation d'opérations de financement participatif, d'opérations de crédit ou de fourniture de services de paiement ou de services de conseil aux entreprises, acquises au cours des cinq dernières années précédant l'immatriculation dans le registre unique.

Cette expérience est justifiée par la production d'une ou de plusieurs attestations de fonctions notamment d'une formation professionnelle en matière bancaire ou financière d'une durée d'au moins 80 heures, auprès d'un centre de formation agréé, d'un établissement de crédit, d'une société de financement, d'un établissement de paiement ou d'un prestataire de services d'investissement, formation dont le contenu est fixé par arrêté du ministre chargé de l'économie, et qui donne lieu à la délivrance d'une attestation signée par le responsable de formation.

Un intermédiaire en financement participatif doit être en mesure de justifier à tout moment d'un contrat d'assurance le couvrant contre les conséquences pécuniaires de sa responsabilité civile professionnelle, en cas de manquement à ses obligations professionnelles[22].

---

[22] Droit Transitoire : Ordonnance n° 2014-559 du 30 mai 2014, art. 37. Les dispositions de la présente ordonnance entrent en vigueur le 1er octobre 2014. Toutefois, les obligations définies à l'article L. 547-5 du code monétaire et financier concernant les conseillers en investissement participatif et celles définies à l'article L. 548-5 concernant les intermédiaires en financement participatif ne s'appliquent qu'à compter du 1er juillet 2016. Jusqu'à cette date, les conseillers en investissement participatif mentionnés à l'article L. 547-1 et les intermédiaires en financement participatif mentionnés à l'article L. 548-2 font savoir à leurs clients si les conséquences pécuniaires de leur responsabilité civile professionnelle, en cas de manquement à leurs obligations professionnelles, telles que définies respectivement aux articles L. 547-9 et L. 548-6, sont couvertes ou non par un contrat d'assurance.

B/ Règles de bonne conduite et d'organisation : obligation de transparence et de conseil

Les intermédiaires en financement participatif respectent des règles de bonne conduite et d'organisation qui tiennent compte de la nature des opérations qu'ils effectuent[23].

L'opération de *crowdfunding* pour les prêteurs est risquée. Le rôle d'intermédiaire professionnel est donc impacté par la nécessité de protéger l'investisseur. Logiquement, l'intermédiaire devient débiteur d'une obligation d'information et de transparence et d'une obligation de conseil.

L'intermédiaire doit non seulement intégrer les caractéristiques du projet et les rendre intelligibles pour l'investisseur, mais il doit de surcroît prendre en compte la situation personnelle des parties prenantes.

Il devient juridiquement la pierre angulaire du processus de *crowdfunding*. Il endosse dès lors la responsabilité et l'obligation d'être assuré.

D'une part, l'intermédiaire doit informer et conseiller le porteur de projet et le bailleur de fonds par la production de document spécifique, d'information sur le site internet et par la production de rapport d'activité.

D'autre part, son obligation implique notamment la production d'un prospectus allégé permettant de fournir au public, de manière lisible et compréhensible, toute information permettant d'être identifié et contacté.

L'intermédiaire en financement participatif mentionne sur son site internet, de manière facilement accessible depuis la première page, ainsi que sur toute correspondance et sur tout support de publicité (à l'exception des publicités radiodiffusées) : son nom et sa dénomination sociale,

---

23 C. mon. fin., art. L. 548-6.

l'adresse de son siège social, son adresse de courrier électronique, son numéro d'immatriculation au registre ORIAS et, le cas échéant, son agrément en tant qu'établissement de paiement ou la preuve de son enregistrement en tant qu'agent d'établissement de paiement[24].

Concernant les projets proposés sur sa plateforme, l'intermédiaire doit comprendre les conditions de sélection des projets et des porteurs de projet et l'évaluation du risque global de défaillance. Le bailleur de fonds doit pouvoir évaluer la plateforme et sa capacité à choisir les projets)

L'intermédiaire doit ainsi publier sur son site internet, de manière facilement accessible depuis la première page :

a) les conditions d'éligibilité et les critères d'analyse et de sélection des projets et des porteurs de projets, ainsi que les informations qu'il recueille à cet effet ;

b) les taux de défaillance enregistrés au cours des 36 derniers mois ou, s'il remonte à moins de trois ans, depuis le démarrage de son activité, ainsi calculés et mis à jour trimestriellement :

— la somme du capital restant dû des crédits et prêts sans intérêt présentant une échéance impayée depuis plus de deux mois et le nombre de projets correspondant sur la somme du capital restant dû de l'ensemble des prêts et le nombre de projets correspondant,

— la somme des projets pour lesquels des échéances de rembour-sement de crédits ou de prêts sans intérêt restent impayées chaque mois sur le nombre total de projets pour lesquels des remboursements sont en cours.

Concernant chaque projet, l'intermédiaire doit fournir aux prêteurs ou donateurs des informations concernant les caractéristiques du projet et, le cas échéant, du prêt concerné

---

24 C. mon. fin., art. R. 548-4.I ; C. mon. fin., art. R. 548-4.I-3°.

s'agissant en particulier : du taux d'intérêt applicable, du montant total du crédit, de la durée du prêt, de ses modalités et conditions de remboursement, ainsi que de l'existence ou non d'une faculté de rétractation du prêteur.

Dans ce cadre, l'intermédiaire doit présenter le porteur de projet et, par une notice adaptée, le projet lui-même et une analyse au regard des critères financiers[25].

Il présente aussi le plan de financement du projet, avec le montant total à financer, la part éventuelle d'autofinancement, la nature et le montant de tout autre prêt et l'existence de subventions.

L'intermédiaire en financement participatif indique si le porteur de projet a, ou n'a pas, souscrit une assurance sur le prêt sollicité et, le cas échéant, les sûretés réelles ou personnelles garantissant ce prêt.

L'intermédiaire doit expliquer sa rémunération, ainsi que l'ensemble des frais exigés.

Au niveau formel, l'intermédiaire doit ainsi fournir aux porteurs de projet un document synthétique comportant le montant total de l'opération et, le cas échéant, le taux conventionnel, la durée du prêt, ses modalités de remboursement et son coût total.

L'intermédiaire doit ainsi produire un document d'information précontractuel[26].

Avant la conclusion du contrat de prêt, l'intermédiaire en financement participatif :

1° Indique à chaque cocontractant :

a) le montant des sommes rendues disponibles en vertu du contrat entre prêteur et porteur de projet,

b) la durée du crédit ou du prêt sans intérêt,

---

25 Visé par C. mon. fin., art. R. 548-4.I-3°. 30 C. mon. fin., art. R. 548-4.I-4°.

26 C. mon. fin., art. R. 548-7.

c) le taux d'intérêt conventionnel applicable au prêteur,

d) le montant de l'échéance perçue par le prêteur, capital et intérêts,

e) la périodicité des remboursements, ainsi que les modalités d'amortissement du prêt,

f) si un droit de rétractation existe pour le prêteur, ses modalités d'exercice, notamment son point de départ, sa durée et ses conditions de mise en œuvre et, si un tel droit n'existe pas, le caractère irrévocable du crédit ou du prêt sans intérêt.

2° Informe le porteur de projet et le prêteur des modalités de calcul et du montant, en euros et en pourcentage, du capital emprunté, de sa rémunération et des autres frais exigés.

3° Informe le porteur de projet et le prêteur des conditions de déblocage des fonds et de leur mise à disposition.

4° Attire l'attention du prêteur sur le mode de fonctionnement spécifique du financement participatif sous forme de crédit ou de prêt sans intérêt et, notamment, sur les risques de non-remboursement par le porteur de projet et, le cas échéant, l'absence de garantie couvrant ces risques et l'indisponibilité des sommes prêtées.

5° Attire l'attention du porteur de projet sur les risques d'un endettement excessif et les conséquences d'un défaut de paiement.

6° Présente de manière claire et facilement accessible les responsabilités et les rôles respectifs du prêteur, du porteur de projet, de l'intermédiaire en financement participatif et des éventuels autres partenaires, en cas de défaillance du porteur de projet.

L'intermédiaire en financement participatif doit publier sur son site internet[27], avant le 30 juin, un rapport d'activité

[27] C. mon. fin., art. R. 548-4.

de l'année civile précédente précisant : son dispositif de gouvernance, le nombre et le montant total des projets reçus et retenus dans l'année, le nombre des projets effectivement financés, le montant total des financements sous forme de crédits, prêts sans intérêt et dons, le nombre total de prêteurs, le nombre moyen de prêteurs par projet, le montant moyen des crédits, prêts sans intérêt et dons par prêteur et les indicateurs de défaillance.

La publicité relative à son activité, dès lors qu'elle indique un taux d'intérêt ou des informations chiffrées liées à l'opération de financement, les mentionne de façon claire, précise et visible.

D'un autre côté, l'intermédiaire doit conseiller et mettre en garde les prêteurs sur les risques liés au financement participatif de projet, notamment les risques de défaillance de l'emprunteur, et les porteurs de projets sur les risques d'un endettement excessif.

Il ressort de la loi que l'intermédiaire doit dissuader le bailleur de fonds de prêter si le projet n'est pas adapté.

À cette fin, l'intermédiaire doit mettre à disposition des prêteurs les outils permettant sur son site internet d'évaluer le montant du prêt envisageable compte tenu de leurs revenus, de leur épargne disponible et charges ; il doit mettre à disposition les éléments pertinents leur permettant d'apprécier la viabilité économique du projet, en particulier le plan d'affaires[28].

L'intervention de l'intermédiaire s'étend bien au-delà de la conclusion de la levée de fonds. Il doit assurer le suivi du projet, définir et organiser les modalités de suivi des opérations de financement et la gestion des opérations jusqu'à leur terme. Cette obligation doit survivre à l'intermédiaire,

---

[28] C. mon. fin., art. R. 548-5.

qui doit s'organiser dans le cas où il cesse son activité, en assurant sa suppléance.

D'un autre côté, l'intermédiaire est débiteur d'une obligation juridique, qui repose sur la nécessité d'un contrat entre un prêteur et un porteur de projet, contrat établi par écrit ou sur tout autre support durable[29].

Dans cette logique, l'intermédiaire en financement participatif demande à tout prêteur et porteur de projet souhaitant conclure un contrat de prêt :

— de fournir, s'il s'agit d'une personne physique : ses nom, prénoms, date et lieu de naissance, l'adresse postale de son domicile et son adresse de courrier électronique ; s'il s'agit d'une personne morale : son nom ou sa dénomination sociale, l'adresse postale de son siège social et son numéro SIREN ;

— de certifier qu'il a pris connaissance et accepté expressément le règlement portant conditions générales d'utilisation du site internet et des conditions générales de vente de l'intermédiaire[30]. L'intermédiaire en financement participatif met en place sur son site internet une procédure simple de résiliation de l'inscription de tout prêteur ou porteur de projet qui n'est pas engagé dans une opération de financement participatif.

De plus, l'intermédiaire en financement participatif devient rédacteur d'acte et doit fournir aux porteurs de projet et aux prêteurs ou, le cas échéant, aux donateurs, un contrat type permettant de formaliser les conditions du financement, dont les modalités de présentation et les mentions obligatoires sont[31] :

1° Identité et coordonnées des parties prenantes :

---

29 C. mon. fin., art. R. 548-8.

30 C. mon. fin., art. R. 548-5.

31 C. mon. fin., art. R. 548-6.

a) état civil ou dénomination sociale du prêteur et du porteur de projet et, le cas échéant, numéro SIREN ;

b) adresses du domicile ou du siège social du prêteur et du porteur de projet ;

2° Caractéristiques et coût de l'opération : montant total du crédit ou du prêt sans intérêt ;

Modalités d'amortissement du crédit ou du prêt sans intérêt :

c) le cas échéant, montant total des intérêts ;

d) durée de remboursement du crédit ou du prêt sans intérêt ;

e) taux débiteur fixe applicable au contrat de crédit ou de prêt sans intérêt ;

f) montant des frais dus à l'intermédiaire en financement participatif ;

g) coût total du crédit ou du prêt sans intérêt ;

h) tableau d'amortissement ;

i) conditions de mise à disposition des fonds au porteur de projet ;

3° Autres informations :

a) adresse du siège social et numéro de téléphone de l'intermédiaire en financement participatif, numéro d'immatriculation au registre des intermédiaires[32], le cas échéant, statut de prestataire de services de paiement ou d'agent de prestataire de services de paiement ;

b) existence ou non d'un droit de rétractation et, le cas échéant, son point de départ, sa durée et ses modalités d'exercice ;

---

32 C. mon. fin., art. L. 512-1.

c) existence ou non d'une possibilité de remboursement anticipé et, le cas échéant, ses modalités d'exercice ;
d) adresse et numéro de téléphone du service de réclamations ;
e) modalités de saisine du médiateur concerné ;
f) modalités de gestion, en cas de défaillance du porteur de projet.

Cette mission juridique revêt en outre un aspect de vérification, de contrôle de gestion. L'intermédiaire doit s'assurer que le taux des crédits proposés aux personnes physiques souhaitant financer une formation initiale ou continue ou, le cas échéant, aux personnes morales concernées, est inférieur au taux d'usure.

Toutefois, le législateur a intégré spécifiquement un mécanisme anti-blanchiment dans le *crowdfunding* en intégrant la nécessité, pour l'intermédiaire, de vérifier l'origine des fonds prêtés.

Concernant les prêts à la consommation entre particuliers, l'intermédiaire doit respecter de nouvelles obligations[33].

Préalablement à la conclusion du contrat de prêt, l'emprunteur devra fournir à l'intermédiaire les éléments précis permettant d'identifier son projet personnel. L'intermédiaire fournira de son côté au prêteur et à l'emprunteur le contrat qui répond aux exigences, posées par le Code de la consommation, pour la formation du contrat de crédit et les informations mentionnées dans le contrat.

Par ailleurs, afin de pouvoir évaluer la solvabilité de l'emprunteur, l'intermédiaire en financement participatif pourra consulter le fichier national recensant les informations sur les incidents de paiement caractérisés (FICP). Il ne pourra divulguer, sous quelque forme que ce soit, ni au prêteur ni à

---

33 Loi Pacte 2019-486 du 22-5-2019 art. 74 et 99 : JO 23 texte n° 2 ; Décret 2019-672 du 27-6-2019.

un tiers autre que l'emprunteur, les informations contenues dans ce fichier, et il ne pourra les utiliser que dans le cadre du financement de projets personnels déterminés[34].

Par ailleurs, la loi Pacte renforce l'obligation générale de mise en garde des intermédiaires en financement participatif à l'égard de leurs clients. Outre les obligations d'information listées à l'article L 548-6 du Code monétaire et financier, ils doivent ainsi, depuis le 24 mai 2019, mettre en garde :

— les prêteurs sur les risques liés au financement participatif de projet, notamment en publiant les taux de défaillance enregistrés sur projets en cours et projets financés depuis plus de 12 mois.

— les porteurs de projet sur les risques d'un endettement excessif.

2°) Contrôle et sanctions

Le contrôle est assuré par la Banque de France.

À cette fin, la Banque de France peut entrer directement en relation avec les entreprises et groupements professionnels qui seraient disposés à participer à ses enquêtes. Ces entreprises et groupements professionnels peuvent communiquer à la Banque de France des informations sur leur situation financière[35].

La Banque de France peut communiquer tout ou partie des renseignements qu'elle détient sur la situation financière des entreprises aux autres banques centrales, aux autres institutions chargées d'une mission similaire à celles qui lui sont confiées en France, aux établissements de crédit et établissements financiers, notamment les sociétés de financement, et aux intermédiaires en financement

34 Loi 2019-486 art. 99, IV.

35 C. mon. fin., art. L. 144-1.

participatif pour les opérations de prêt à titre onéreux ou sans intérêt.

Le contrôle de la Banque de France peut conduire au retrait de l'agrément.

Le législateur a prévu un délit pénal spécifique d'exercice illégal du métier d'intermédiaire en financement participatif.

Est puni des peines prévues pour le délit d'escroquerie puni de cinq ans d'emprisonnement et de 375 000 € d'amende[36] :

1° Le fait, pour toute personne d'exercer l'activité de conseil en investissements participatifs en violation des règles statutaires ;

2° Le fait, pour toute personne se livrant à l'activité de conseil en investissements participatifs, de recevoir de ses clients des fonds autres que ceux destinés à rémunérer son activité.

En conclusion, le *crowdfunding* par voie de prêt relève du domaine du monopole bancaire et impose un agrément aux parties prenantes.

Devant l'antinomie de l'agrément et l'essence même du *crowdfunding*, le législateur a assoupli les règles applicables au *crowdfunding*.

Cependant, les dérogations légales sont encadrées et notamment plafonnées en termes de montant par prêt et par projet.

Ce plafonnement vient réduire la portée des dérogations.

C'est pourquoi les alternatives juridiques existantes restent une voie opportune pour sécuriser les opérations de *crowdfunding*, quels qu'en soient le montant et les intervenants.

---

36 C. mon. fin., art. L. 573-12.

CHAPITRE II :

LES SOLUTIONS LEGALES COMPATIBLES AVEC LE MONOPOLE BANCAIRE

Le financement de projet par voie de prêt heurte immédiatement le domaine réservé aux banques tant au niveau du prêt que de la réception de fonds du public.

Toutefois, la Loi offre un espace d'investissement en combinant le prêt et la qualité d'associé.

Par exemple, un investisseur peut vouloir être associé de la société du porteur de projet, il va détenir des parts dans la société. Il peut en même temps prêter des fonds à la société.

Il est donc à la fois associé et prêteur. Son prêteur s'appelle un apport en compte courant.

Ce double statut permet à l'investisseur d'avoir une rémunération fixe grâce au prêt : chaque mois, chaque année, il perçoit des intérêts fixes. En plus, il peut percevoir des dividendes, c'est-à-dire une part du bénéfice de la société lié à son statut d'associé. Cette rémunération peut être beaucoup plus intéressante pour l'investisseur si les résultats de la société sont bons. Cependant, ces dividendes ne sont pas garantis. Il faut que la société ait un résultat et que les associés décident de les distribuer.

L'intérêt financier pour l'investisseur est donc réel. Il l'est aussi pour le porteur de projet qui voit, dans ce financement mixte, un moyen d'attirer les investisseurs.

L'avantage est aussi juridique.

Les règles coercitives régissant le monopole bancaire font l'objet d'exceptions particulièrement pertinentes pour le *crowdfunding*.

Les porteurs de projet peuvent réaliser des apports en compte courant lorsqu'ils sont aussi associés de la société qui porte le projet. Toutefois, le cadre fiscal portant sur la déductibilité des intérêts réduit le potentiel de rémunération des investisseurs. Cette limite vient réduire l'attrait d'une société, car l'investisseur ne bénéficiera pas de la rémunération suffisante eu égard au risque pris en investissant dans une telle société.

C'est pourquoi le recours au prêt participatif, exception légale au monopole bancaire, constitue un levier pour développer le *crowdfunding* en France.

SECTION 1 : L'opportunité du compte courant

Le compte courant est un prêt consenti à la société par l'un de ses associés. La double qualité d'associé et de prêteur inscrit le recours au compte courant dans le cadre d'une exception au monopole. Dans ce cadre, le prêteur et la société ne commettent donc aucune infraction au droit bancaire.

Le compte courant constitue pour la société un outil particulièrement intéressant pour séduire les investisseurs : la perspective d'une rémunération fixe ou variable et la prédétermination de la périodicité de son versement. Ce faisant, le compte courant purge les inconvénients tirés de l'aléa du résultat et de la distribution de dividendes aux associés.

Ainsi, la société peut-elle proposer aux investisseurs une rémunération prédéterminée permettant de rémunérer l'investisseur à hauteur du risque qu'il prend en prêtant des fonds à cette société.

Ce risque est nécessairement important car la société est parfois en lancement, en création, en développement et sa taille n'offre pas la sécurité d'un grand groupe, ni un historique financier exigé par les bailleurs de fonds plus classiques comme les banques. Le risque est d'autant plus fort que l'investisseur ne bénéficie pas d'une sûreté. La seule contrepartie de son risque est le montant de la rémunération donnée par la société. Spontanément, on penche pour un rendement élevé.

Pourtant, cette rémunération payée par la société constitue une charge qui doit réduire son bénéfice imposable. Or, la règle fiscale plafonne le niveau de déductibilité des charges d'intérêts, réduisant du même coup l'intérêt du compte courant. En effet, le niveau d'intérêt admis à la déduction pour l'administration fiscale n'est pas assez élevé, donc lucratif, pour l'investisseur qui voit son risque insuffisamment rémunéré.

I– Qualification et régime de l'apport en compte courant

L'enjeu est de combiner la souplesse du contrat de prêt entre l'associé et la société, pour assurer une sécurité juridique et financière du prêteur et la stabilité requise par la société en quête de financement stable.

A/ Qualification

La qualification de prêt des conventions de compte courant d'associé est régie par le principe de remboursement immédiat sur demande du prêteur.

A priori, ce principe offre un avantage au prêteur et lui garantit la liquidité de son investissement. Dès qu'il décide de désinvestir, la société doit le rembourser.

En réalité, ce principe heurte immédiatement le besoin fondamental de la société de stabilité et de pérennité de son financement. À quoi bon recourir à un financement qui menacerait, par son retrait potentiel, la santé financière de la société en risquant à tout moment de la placer en état de cessation des paiements ? Le *crowdfunding* par voie d'apport en compte courant doit, donc, impérativement encadrer les modalités de remboursement de l'investisseur.

1. La définition des avances

a. Définition de l'avance en compte courant

Les statuts d'associé et de prêteur sont strictement indépendants. La jurisprudence a souligné l'indépendance existant entre les qualités d'apporteur et de prêteur : le premier agit comme associé, le second comme créancier.

La jurisprudence unanime rappelle que l'apport en compte courant d'associé est un prêt[1], non un apport en capital[2].

La comptabilisation du compte courant est primordiale pour sa qualification juridique[3]. Les comptes courants d'associés constituent ainsi de véritables dettes de la société et figurent à ce titre en bas de bilan, au titre du passif externe.

L'existence d'un compte courant n'a pas d'incidence sur le capital, qui est par principe intangible. Les avances

---

1 CA Paris, 14 fev. 1990, 3e ch. : Rev. sociétés 1990 p. 418 note I. UrbainParléani ; CA Paris, 2 juin 1992, 3e ch. A : RJDA 10/92 n° 917 et 11/92 n° 1028 ; CA Orléans, 9 nov. 1994 : JCP 1995 pan. 676 ; Cass. com., 18 nov. 1986, n° 84-13.750, Bull. 1986 IV N° 216 p. 188. La Cour considère que, *« pour rejeter cette demande, l'arrêt attaqué a retenu que l'ensemble des accords intervenus, qui revêtaient un caractère global, avait pour objet le « rachat » de l'entreprise par M. X..., qui ne pouvait prétendre n'avoir accordé qu'un prêt à la société ; Mais attendu qu'en statuant ainsi, après avoir relevé qu'il avait été arrêté avec les anciens associés, aux termes d'accords dépourvus d'ambiguïté, que la somme en litige serait apportée en compte courant d'associé et, de plus, que le montant en avait été porté, dans la comptabilité de la société, sous l'intitulé « d'avances en compte courant » après rapport du commissaire aux comptes, la cour d'appel n'a pas tiré de ces constatations les conséquences légales qui en résultaient et a violé le texte susvisé ».*

2 Cass. com., 15 déc. 1998, n° 97-15.897, Bull. 1998 IV N° 299 p. 247.

La Cour considère que les parties s'étaient engagées dans la convention de société en participation à verser en compte courant, au prorata de leur participation dans les droits et obligations de l'associée de la société en nom collectif, les sommes dont cette société aura besoin pour la réalisation de son objet social et dont l'associée aura fait l'avance, faisant ainsi ressortir que lesdits versements ne constituaient pas des prêts, mais l'exécution de leurs obligations d'associés en participation, une cour d'appel a pu retenir que ces sommes étaient constitutives d'apports.

Cass. civ. 3e, 12 mai 1993, Bulletin 1993, III, n° 63 (1), p. 40 ; Cass. Com., Cass 11 fév. 1986, Bulletin 1986, IV, n° 9, p. 7.

3 Cass. 3e civ., 3 févr. 1999, n° 97-10.399, Bull. 1999 III N° 31 p. 21. Une cour d'appel retient, à bon droit, qu'une somme inscrite dans les écritures et bilans d'une société civile immobilière, sous la rubrique des dettes à court terme et sous le titre de compte courant d'un associé, ne constitue pas un apport complémentaire de cet associé impliquant une augmentation de capital et la création de parts nouvelles à son profit, mais s'analyse en une avance faite par ce dernier à la société et en a justement déduit qu'à défaut de stipulation contraire, l'associé est en droit d'exiger le remboursement de cette avance à tout moment en dehors de toute procédure de retrait.

en compte courant ne sont donc pas concernées, sauf clause contraire, par cette intangibilité du capital social. Elles peuvent ainsi être remboursées en principe, à tout moment.

b. La formation du compte courant

L'apport en compte courant est un contrat. Il doit respecter les éventuelles limites posées par les statuts de la société[4]. Le principe de la liberté contractuelle est, cependant, limité par les procédures régissant les conventions réglementées et l'intervention du juge.

1. Le principe de l'échange de volonté

Le compte courant d'associé est soumis au droit commun régissant la formation des contrats posé par l'article 1108 et suivants du Code civil.

Il convient d'ailleurs de veiller à ce que la comptabilisation de l'avance en compte courant soit conforme à la volonté de l'apporteur. En effet, les juges prennent en compte la comptabilisation de l'opération pour qualifier le financement accordé par l'associé.

2. Les limites au principe

Le recours aux comptes courants n'est pas totalement libre.

D'une part, les parties à l'apport en compte courant sont soumises aux procédures de contrôle des conventions réglementées (a). D'autre part, elles doivent respecter les règles applicables au taux d'intérêt (b).

a. Les conventions contrôlées

Le cumul des qualités de l'auteur d'une avance en compte courant à la fois associé et prêteur peut placer l'apporteur dans une situation de conflit d'intérêts : celui de la société et le sien.

C'est pourquoi la conclusion des conventions passées entre certains associés et la société est encadrée.

---

[4] CA Bastia, ch. civ. a sect. 2, 10 avr. 2019, n° 16/00497.

La plupart des tribunaux estiment que constitue une convention réglementée la convention par laquelle la société alloue à l'un de ses dirigeants des intérêts en contrepartie des sommes versées en compte courant par celui-ci, étant rappelé que le compte du dirigeant ne doit pas fonctionner en position débitrice.

Un administrateur de SA ne peut pas prétendre au paiement d'intérêts sur son compte courant puisqu'aucune convention n'a été autorisée à ce sujet par le conseil d'administration. L'accord tacite qui résulterait de l'exécution d'un contrat non autorisé ne saurait produire effet. La décision du conseil d'administration autorisant une convention intervenue entre la société et l'un de ses administrateurs doit en effet être prise dans les conditions prévues par la loi parce qu'elle est destinée à provoquer le contrôle des actionnaires après avis des commissaires aux comptes[5].

La convention de compte courant d'associé peut être soumise aux procédures de contrôle des conventions instituées dans les sociétés de capitaux.

Cependant ces conventions ne posent aucune difficulté lorsqu'elles sont conclues dans des conditions normales et sont considérées comme des opérations courantes. La procédure ne s'applique pas[6].

Les comptes courants d'associés peuvent-ils être perçus comme des opérations courantes conclues à des conditions normales et, ainsi, échapper aux procédures de contrôle ? La réponse n'est pas strictement fixée par la jurisprudence.

---

5 CA Paris, 8 déc. 1982, 3e ch. A, Sté Omnium hôtelier c/ Buhler.

6 CA Paris, 10 mai 1972, 3e ch., Sté Marcel Pessis c/ Marcel Pessis : Bull. Joly 1972 p. 502.

Certes, la jurisprudence a pu considérer que des avances en compte d'associé pouvaient constituer des opérations courantes conclues à des conditions normales[7]. Mais cette solution ne fait pas l'unanimité[8].

En matière de *crowdfunding*, le caractère courant de l'apport en compte courant peut être déduit du montant relatif voire modeste des apports, en fonction de la surface financière de la société. Le principe de ce financement repose sur la multiplicité des investisseurs qui investissent plutôt par petites sommes. Par exemple, un projet peut largement mobiliser plus de cent investisseurs qui vont apporter pour certains seulement quelques dizaines d'€.

En pratique, ces conventions de comptes courants portent sur des montants relatifs eu égard au besoin de financement de la société avec une rémunération nécessairement faible à cause des limites fiscales. Nous avons tendance à apprécier largement le caractère courant des apports en compte courant dans les opérations de *crowdfunding*.

Ce caractère sera peut-être d'autant plus évident que les statuts de la société prévoiront d'emblée le recours à une multitude d'investisseurs pour financer la réalisation de l'objet de la société. La révélation dans les statuts de l'*affectio societatis* nous apparaît importante pour recourir sereinement au *crowdfunding*.

Pour autant, dès lors que la convention de compte courant n'est pas considérée comme une opération courante, elle doit être soumise à la procédure de contrôle et d'approbation des conventions dites réglementées.

- *Procédure de contrôle en matière de société à responsabilité limitée*

---

7 *Ibid.*

8 CA Paris, 6 juil. 1993, SA Bonnichon c/ MJL Bonnichon : Dr. sociétés 1993 n° 190.

Soit les conventions de compte courant portent « sur des opérations courantes et conclues à des conditions normales ». La liberté pour conclure de telles conventions est totale. Dans ce cas, aucune procédure d'approbation n'est applicable[9].

Soit, en revanche, une convention est conclue dans des conditions non normales, entre une société à responsabilité limitée et son gérant ou l'un de ses associés. La société doit alors respecter une procédure d'approbation de ce contrat[10].

Le gérant – ou, s'il en existe un, le commissaire aux comptes – est tenu de présenter à l'assemblée, ou de joindre aux documents communiqués aux associés en cas de consultation écrite, un rapport sur les conventions intervenues directement ou par personnes interposées entre la société et l'un de ses gérants ou associés.

L'assemblée générale des associés statue, alors, sur ce rapport. Le gérant ou l'associé intéressé ne peut prendre part au vote, et ses parts ne sont pas prises en compte pour le calcul du quorum et de la majorité.

Lorsqu'il n'existe pas de commissaire aux comptes, les conventions conclues par un gérant non-associé sont soumises à l'approbation préalable de l'assemblée.

Les conventions non approuvées ne sont pas frappées de nullité, mais l'associé dont le compte courant n'a pas été approuvé devra rembourser les intérêts perçus.

Au pire, la convention de compte courant peut aussi être annulée au visa du droit commun des contrats ou de la fraude.

- *Procédure de contrôle en matière de société anonyme*

Toute convention intervenant directement ou par personne interposée entre la société et son directeur général, l'un de ses directeurs généraux délégués, l'un de ses administrateurs,

---

[9] C. com., art. L. 223-20.

[10] C. com., art. L. 223-19.

l'un de ses actionnaires disposant d'une fraction de droit de vote supérieure à 10 % – ou, s'il s'agit d'une société d'actionnaires, la société la contrôlant au sens de l'article L. 233-3 – doit être soumise à l'autorisation préalable du conseil d'administration[11].

L'intéressé devra ainsi informer le conseil d'administration[12], dès qu'il aura connaissance d'une telle convention[13], mais il ne pourra pas prendre part au vote sur l'autorisation sollicitée.

Le président du conseil d'administration donnera, alors, avis aux commissaires aux comptes de toutes les conventions autorisées et soumettra celles-ci à l'approbation de l'assemblée générale annuelle. L'intéressé ne pourra pas non plus prendre part au vote ; ses actions ne seront pas prises en compte pour le calcul du quorum et de la majorité.

Le compte courant d'associé peut donc être concerné par cette procédure particulièrement lourde, nettement plus lourde que celle en vigueur en matière de société à responsabilité limitée. Il a été ainsi admis que relevait de ce contrôle la conclusion d'une convention de blocage opérant une modification du compte existant antérieurement.

Ainsi, si la convention de compte courant n'est pas considérée comme une opération courante, la procédure de contrôle et d'approbation affaiblit l'avantage du compte courant dans le cadre d'une société anonyme si le nombre des investisseurs par un compte courant est trop important.

En tout état de cause, même en cas d'opération courante, le président du conseil d'administration ou de surveillance devra se voir communiquer les conventions en cause, sauf lorsqu'en raison de leur objet ou de leurs implications

---

[11] C. com., art. L. 225-38.

[12] Ou le conseil de surveillance.

[13] C. com., art. L. 225-40 et L. 225-88.

financières, les conventions en question ne sont significatives pour aucune des parties.

Le défaut d'autorisation préalable du conseil d'administration ou du conseil de surveillance – que celle-ci n'ait pas été requise ou qu'elle ait été refusée – est sanctionné par la responsabilité du titulaire du compte à l'égard de la société et par une nullité facultative de la convention, lorsque celle-ci a causé un préjudice à la personne morale[14].

Cette nullité peut toutefois être régularisée par une assemblée générale des actionnaires intervenant sur rapport spécial des commissaires aux comptes.

Le non-respect du refus d'approbation de l'assemblée générale peut permettre d'engager la responsabilité de l'actionnaire à l'égard de la société. Même en l'absence de fraude, les conséquences préjudiciables à la société des conventions désapprouvées peuvent, en effet, être mises à la charge de l'intéressé. Les conventions sont également susceptibles d'être annulées en cas de fraude. À défaut de fraude, elles produisent leurs effets à l'égard des tiers[15].

- *Procédure de contrôle en matière de société par actions simplifiée*

En matière de société par actions simplifiée, le commissaire aux comptes présente aux associés un rapport sur les conventions intervenues directement ou par personne interposée entre la société et son président, l'un de ses dirigeants, l'un de ses actionnaires disposant d'une fraction des droits de vote supérieure à 10 % ou, s'il s'agit d'une société actionnaire, la société la contrôlant. Les associés statuent, alors, sur ce rapport. Les conventions non approuvées produisent, néanmoins, leurs effets – à charge

---

14 C. com., art. L. 225-42 et L. 225-90.

15 C. com., art. L. 225-41et L. 225-89.

pour la personne intéressée, et éventuellement pour le président et les autres dirigeants, d'en supporter les conséquences dommageables pour la société[16].

Par dérogation à ces dispositions, lorsque la société ne comprend qu'un seul associé, il est seulement fait mention au registre des décisions des conventions intervenues directement ou par personnes interposées entre la société et son dirigeant.

b. Le cadre régissant le taux d'intérêt versé à l'investisseur

Contrairement à l'associé, rémunéré par le dividende, l'apporteur en compte courant est rémunéré par un taux d'intérêt qui doit être prévu dans la convention d'avance en compte courant.

L'avantage de l'intérêt est qu'il est fixe et prédéterminé. Il peut être versé à tout moment. Cette rémunération est opposée aux dividendes, par essence aléatoires, qui nécessitent l'existence d'un bénéfice distribuable et ne peuvent être distribués qu'à des moments définis dans la vie de la société.

De ce point de vue, la fixité de la rémunération peut être un atout pour les investisseurs prêtant des fonds à la société. Ils peuvent au moment de l'investissement prédéterminer leur rendement.

Un prêt ne produit des intérêts que si ceux-ci ont été stipulés[17]. Or, le compte courant d'associé est vu par la jurisprudence comme un contrat de prêt. Dès lors, à défaut de stipulation expresse, l'associé ne peut réclamer aucune rémunération à la société en contrepartie de ses avances en compte courant.

---

16 C. com., art. L. 227-10.

17 C. civ., art. 1905.

Le principe selon lequel le taux d'intérêt d'un prêt doit être fixé par écrit s'applique à tous les prêts. Dès lors, les comptes d'associés rémunérés supposent également une mention écrite du taux effectif global appliqué[18].

La jurisprudence sanctionne par la nullité la clause d'intérêt, le défaut d'indication écrite du taux, de sorte que le compte courant d'associé ne pourra pas faire courir d'intérêt. Cette nullité est relative dans la mesure où elle a vocation à protéger l'emprunteur, la société en l'occurrence. La société peut donc régulariser le défaut de mention en payant les intérêts litigieux.

2. L'intérêt de bloquer le compte courant

Le compte courant peut présenter un réel avantage pour permettre le financement de projet par le *crowdfunding*. Cependant, pour être pertinent, ce mode de financement doit être pérenne et s'inscrire dans une certaine durée ; il sera alors gage de stabilité et de sécurité pour la société et son entreprise.

Or, le compte courant peut, à défaut de stipulation contraire, être remboursé immédiatement sur demande de l'associé[19], même si la société est en difficulté financière[20].

La Cour de cassation considère que *« les dispositions de l'article 1900 du Code civil, qui offrent au juge la possibilité de fixer un terme pour la restitution d'un prêt, ne sont pas applicables au compte courant d'associé, dont la caractéristique essentielle, en l'absence de convention*

---

[18] C. civ., art. 1907 combiné à l'article L. 313-4 du Code monétaire et financier.

[19] Cass. 3e civ., 3 mai 2018, n° 16-16.558. CA Rennes, 3e ch. com., 3 déc. 2019, n° 19/02667 ; CA Paris, pôle 5 ch. 9, 21 nov. 2019, n° 19/03655 ; CA Dijon, 2e ch. civ., 21 nov. 2019, n° 16/00656. CA Versailles, 14e ch., 17 déc. 2015, n° 15/00528.

[20] CA Aix-en-Provence, 8e ch. b, 6 juill. 2017, n° 15/05231.

particulière ou statutaire le régissant, est d'être remboursable à tout moment »[21].

La société ne peut donc pas exiger le retrait de l'associé pour lui rembourser son compte courant[22].

Le principe du remboursement immédiat des avances s'applique à tous les comptes courants créditeurs à durée indéterminée. Le risque est alors majeur si la société n'a pas la trésorerie disponible pour honorer cet engagement. La demande de remboursement devant être satisfaite immédiatement, elle place la société en état de cessation de paiement – faute pour elle d'être en mesure de rembourser son passif exigible et exigé avec son actif disponible.

Par exemple, l'investisseur a fait un apport en compte courant de 10 000 €. Il fait confiance à la société et réciproquement. Finalement, après six mois d'implication dans la société, l'investisseur a envie de changer. Il souhaite participer à une autre aventure. Il veut donc récupérer son argent.

Il demande alors le remboursement de son compte courant à la société. Il n'y a pas de difficulté juridique puisqu'ils n'ont pas fait de contrat. Pas besoin, la confiance règne, enfin régnait...

Le problème devient rapidement financier car la société, en plein lancement, a peu de trésorerie. Tous les fonds de la société sont mobilisés pour acheter du stock.

En tout et pour tout, la société ne dispose que de 5 000 € de disponibles à la banque. Elle ne peut donc pas rembourser son investisseur. Elle est à ce moment incapable de payer son

---

21 Cass. com., 10 mai 2011, n° 10-18.749, Bull. 2011, IV, n° 73 ; Cass. com., 8 déc. 2009, n° 08-16.418 ; Cass. com., 24 juin 1997, n° 95-20.056, Bull. 1997 IV N° 207 p. 180.

22 Cass. 3e civ., 12 nov. 2014, n° 13-16.182. Le retrait d'un associé d'une SCI n'est pas une condition du remboursement de son compte courant d'associé ; CA Versailles, 14e ch., 17 déc. 2015, n° 15/00528.

passif exigible avec sa trésorerie. Elle est en état de cessation de paiements.

Ainsi, la souplesse apparente du financement par voie de compte courant d'associé se transforme en piège pour la société, d'autant plus si elle est fragile, l'exposant, à chaque retrait non maîtrisé par la société, à un risque de faillite.

C'est pourquoi il est impératif dans une logique de *crowdfunding* d'encadrer, dans la convention de compte courant d'associé, les modalités de remboursement et conditions de ce remboursement comme l'existence d'une trésorerie suffisante dans la société[23]. Ces modalités impliquent un délai pour que la société rembourse.

a. L'encadrement des modalités de remboursement du compte courant par la volonté des parties

Le principe du droit au remboursement immédiat n'est pas d'ordre public. Les parties à la convention des comptes courants peuvent donc prévoir des tempéraments à ce principe. Elles pourront prévoir un terme, un délai suffisant de préavis, ou un ordre de remboursement particulier.

- La stipulation d'un terme objectif et l'opportunité par rapport au droit bancaire

Les parties peuvent prévoir une convention *« de blocage »*. Elle oblige l'associé à ne pas demander le remboursement avant le terme fixé. Elle oblige la société à ne pas rembourser par avance le compte courant, qui assure alors le droit à rémunération du prêteur sur la durée totale du contrat.

---

23 Cass. com., 9 oct. 2007, n° 06-19.060. En l'espèce, la Cour de cassation retient que, *« d'une part, qu'après avoir relevé que les statuts de la société Logoplan soumettaient le remboursement du compte courant des associés à la condition que sa trésorerie le permette, l'arrêt retient que cette condition n'était pas purement potestative, dès lors qu'elle ne dépendait pas exclusivement de la décision du conseil d'administration ; qu'en l'état de ces constatations et énonciations, la cour d'appel a, à bon droit, rejeté la demande en remboursement de la société de son compte courant d'associé ».*

La convention de blocage peut être prévue soit au moment de l'octroi de l'avance par l'associé, ou après.

Les parties à la convention de blocage demeurent libres de convenir d'une date pour la restitution des fonds avancés. Le terme est expressément prévu. Il peut également être simplement déterminable par référence à un événement distinct, par exemple le remboursement d'un concours bancaire également consenti à la même société ou le dépassement d'un seuil de résultat ou de chiffre d'affaires.

La convention de blocage nécessite l'accord de l'investisseur et de la société. Un associé ne peut donc pas demander un remboursement de son compte courant alors qu'il s'est engagé, par le passé, à bloquer les sommes sur ce compte à titre de garantie d'un prêt consenti à la société.

Une fois le blocage achevé, le compte courant d'associé est à nouveau remboursable sans condition.

En cas de contrat d'avance en compte courant à durée indéterminée, les parties peuvent prévoir un délai de préavis pour le remboursement des avances. Le respect de ce délai permettra alors à la société de trouver un autre financement, et ainsi de limiter les inconvénients d'une demande de remboursement des avances consenties par un associé sur un compte courant.

La convention de compte courant ne peut pas laisser à la discrétion de la société de décider les conditions de restitution des avances en compte courant. Une telle clause serait alors qualifiée de potestative. Le code civil sanctionne de nullité l'obligation contractée sous une condition dont la réalisation dépend de la seule volonté du débiteur. Cette nullité ne peut être invoquée lorsque l'obligation a été exécutée en connaissance de cause[24].

---

[24] C. civ., art. 1304-2.

- *La stipulation d'un ordre de remboursement particulier : clause de dernier rang*

Par le recours à la clause de dernier rang, le créancier d'une entreprise renonce, en cas de procédure collective, à venir en concours avec l'ensemble des créanciers. Il accepte donc de dégrader son rang. Il sera dès lors payé après tous les autres créanciers et avant remboursement aux associés de leurs apports. Cette dégradation volontaire d'une créance a une répercussion sur l'ensemble des créanciers de l'entreprise.

- *Clause de cession d'antériorité de créance*

Les parties au compte courant d'associé peuvent recourir à la clause de cession d'antériorité de créance. Cette technique permet à deux créanciers, qui ont une sûreté sur un même bien, de modifier le rang occupé par leur sûreté, l'une par rapport à l'autre. Le recours à cette clause permet au créancier d'une entreprise de s'engager envers un banquier à ne pas demander ou à ne pas accepter le remboursement de sa créance, tant que ce même banquier n'aura pas été intégralement remboursé.

b. L'encadrement du remboursement par la loi

L'investisseur en compte courant bénéficie d'un droit au remboursement immédiat, ou aménagé. Lorsque ce droit est acquis, la société doit rembourser le capital et les intérêts. La créance de l'investisseur devient donc un passif exigible et exigé. Si la société n'a pas les disponibilités nécessaires au remboursement, elle se retrouve en état de cessation de paiement. Elle doit déclarer cet état au tribunal qui procédera, faute d'accord ultime, à l'ouverture d'une procédure collective.

La jurisprudence valide largement que l'associé titulaire d'un compte courant puisse demander, en qualité de créancier, l'ouverture d'une procédure collective contre la société.

Le principal effet de cette ouverture est le gel des créances antérieures. Ainsi, l'investisseur en compte courant peut voir sa demande de remboursement neutralisée en cas de procédure collective.

En matière de procédures collectives (sauvegarde, redressement, liquidation), la loi prévoit le principe de l'interdiction du paiement des créances antérieures au jugement d'ouverture de la procédure en l'étendant aux créances nées après ce jugement, mais ne répondant pas aux conditions exigées pour bénéficier du privilège de procédure prévu par les articles L. 622-17 et L. 641-13 du Code de commerce.

En somme, le jugement d'ouverture opère un gel des créances antérieures et postérieures non privilégiées.

Le créancier doit déclarer sa créance dans le délai de deux mois suivant la publication au *Journal officiel* (BODACC) du jugement d'ouverture, dans le respect des dispositions légales.

Tout acte ou paiement passé en violation de ces dispositions est annulé, à la demande de tout intéressé, mais également à la demande du ministère public dans un délai de trois ans, à compter de la conclusion de l'acte ou du paiement de la créance ou de sa publicité.

La période suspecte est celle qui commence à la date où la cessation des paiements est caractérisée et se termine à celle du jugement d'ouverture. Quand un entrepreneur se trouve en cessation des paiements, il peut être tenté de diminuer le gage de ses créanciers ou d'avantager certains d'entre eux. C'est pourquoi le droit des procédures collectives prévoit traditionnellement un régime propre de remise en cause de certains actes accomplis entre la cessation des paiements et le jugement d'ouverture par la nullité, afin de préserver sinon reconstituer le patrimoine du débiteur.

Or, ce régime a été amené à s'appliquer en matière de compte courant d'associé. C'est ainsi que le remboursement d'un tel compte en période suspecte a pu être annulé par la jurisprudence, dans la mesure où l'associé, en même temps dirigeant, ne pouvait pas ignorer la situation financière de la société à la date du remboursement. Cependant, sauf à prouver un remboursement par des moyens inhabituels, la jurisprudence écarte le recours à l'action paulienne pour neutraliser le remboursement d'un compte courant, alors que d'autres créanciers ne sont pas encore remboursés[25].

Les juges apprécient sévèrement les remboursements d'un compte courant avant les autres créanciers. Ce remboursement peut constituer une faute de gestion[26].

La connaissance de la cessation des paiements de la part du bénéficiaire du remboursement est, néanmoins, essentielle pour pouvoir retenir cette solution.

La demande de remboursement d'un compte courant peut être neutralisée par le juge : le juge peut, dans la limite de deux années, reporter ou échelonner le paiement des sommes dues *« compte tenu de la situation du débiteur et en considération des besoins du créancier »*[27].

Cette solution a déjà été admise en matière de compte courant d'associé, dès lors que la société débitrice prouve que le paiement immédiat du compte courant la met en péril.

---

[25] Cass. com., 15 mai 2019, n° 18-10.403. La Cour considère que *« seuls sont attaquables par la voie de l'action paulienne les paiements effectués par des moyens inhabituels ; qu'en estimant que l'action paulienne est ouverte lorsque le dirigeant social se fait régler des sommes importantes correspondant au remboursement d'un compte courant d'associé au détriment des autres créanciers qu'il ne pouvait pas ignorer en raison de ses fonctions au sein de la société, la cour d'appel a violé l'article 1167 du code civil dans sa rédaction applicable à la cause »*.

[26] Cass. com., 24 mai 2018, n° 17-10.119. Les remboursements des comptes courants d'associés constituent une faute de gestion, car ils privent la société de toute trésorerie, du fait de l'absence d'actif disponible, et l'empêchent de payer les autres créanciers.

[27] C. civ., art. 1343-5.

B/ Compatibilité comptes courants et monopole bancaire

Le recours au compte courant d'associé peut sembler contraire au monopole bancaire. En effet, il est interdit, *« à toute personne autre qu'un établissement de crédit d'effectuer des opérations de banque à titre habituel »* ainsi qu'à *« toute entreprise autre qu'un établissement de crédit de recevoir du public des fonds à vue ou à moins de deux ans de terme »*[28]. Pourtant, il constitue une exception au monopole bancaire.

1. Licéité des comptes courants consentis ou perçus à titre non habituel

En vertu de l'article L. 311-1 du Code monétaire et financier, *« les opérations de banque comprennent la réception de fonds du public, les opérations de crédit, ainsi que les services bancaires de paiement. »* Les opérations de crédit sont donc visées.

Le droit bancaire ne sanctionne les opérations de banque – en l'occurrence de crédit et de réception de fonds du public – que si elles sont réalisées à titre habituel. Ce caractère habituel doit être apprécié par les juges ; nous considérons que le caractère habituel peut être caractérisé par la répétition de l'opération plus de deux fois.

Ainsi, si l'opération de *crowdfunding* ne débouche que sur le financement accordé par une ou deux personnes (associées ou non), l'opération sera légale tant du point de vue du prêteur que du porteur de projet.

Concernant la situation d'un associé qui consent plusieurs avances en compte courant, l'octroi de plusieurs prêts successifs par un même prêteur à un même bénéficiaire ne

---

[28] C. mon. fin., art. L. 511-5.

contrevient pas au monopole bancaire faute de caractère habituel de l'opération.

2. Licéité conditionnée des comptes courants consentis ou perçus à titre habituel

L'opération de *crowdfunding* réalisée par voie d'apport en compte courant peut ainsi s'inscrire dans un cadre légal et, par là même, bénéficier d'une réelle sécurité juridique. Cet atout pour l'investisseur cumulant le statut d'associé et de prêteur vient renforcer l'attrait de ce mode de financement. Rappelons que ce mode présente l'avantage de la sécurité financière au moins du point de vue de la prédétermination de la rémunération et de la périodicité de son règlement.

Toutefois, le cadre légal est assez étroit puisqu'il impose des conditions de détention. Le régime diffère selon que l'associé prêteur est minoritaire ou exerce un contrôle dans la société.

a. Cas du compte courant et associé minoritaire

Certains apports en compte courant sont expressément considérés comme des exceptions au monopole bancaire, lorsqu'une société commerciale reçoit des fonds[29] de la part des :

— associés sans seuil de détention ou commanditaires, s'il s'agit d'une société de personnes ;

— associés ou actionnaires détenant au moins 5 % du capital ;

— salariés, mais seulement dans la limite de 10 % des capitaux propres de la société.

Si l'opération de *crowdfunding* est réalisée au profit d'un porteur de projet exploitant son activité dans le cadre d'une société de personnes (Société en nom collectif ou société

---

[29] C. mon. fin., art. L. 312-2.

civile), il peut donc recevoir des fonds légalement, dès lors que le prêteur est aussi associé sans minimum de détention.

Dans le cas d'une société à responsabilité limitée ou d'une société par actions simplifiée, l'investisseur devra veiller à avoir au moins 5 % du capital.

Concernant la réception de fonds du public à plus de deux ans de terme, le monopole bancaire ne semble subir d'atteinte qu'en cas d'opérations effectuées à titre habituel, puisque la loi vise toute opération de banque, et donc nécessairement la réception de fonds du public. Les fonds à plus de deux ans de terme sont, dès lors, concernés. Une telle réception ne paraît prohibée que si elle peut être qualifiée d'habituelle.

Il découle de cette solution qu'une avance en compte courant reçue d'un actionnaire ou d'un associé de SARL titulaire de moins de 5 % du capital, qui n'est ni dirigeant ni salarié de la société, peut échapper au monopole lorsqu'elle est occasion-nellement pratiquée dans le cadre d'une convention portant sur des fonds à plus de deux ans de terme.

b. Cas du compte courant consenti par un associé contrôlant

Lorsque l'opération de *crowdfunding* par voie d'apport en compte courant est réalisée par une société qui contrôle la société porteuse de projet, elle ne risque pas de contrevenir au monopole bancaire. Les interdictions légales ne font pas obstacle à ce qu'une entreprise, quelle que soit sa nature, puisse *« procéder à des opérations de trésorerie avec des sociétés ayant avec elle, directement ou indirectement, des liens de capital conférant à l'une des entreprises liées un pouvoir de contrôle effectif sur les autres. »* Des avances pourront, dès lors, être faites au sein d'un groupe par une société mère ou bien simple participante à ses filiales[30].

---

30 C. mon. fin., art L. 511-7, 3.

Plus précisément, cette disposition permet à certaines sociétés, associées dans d'autres personnes morales, de pratiquer de façon habituelle des avances par le biais d'un compte courant, même si cela constitue une opération de droit bancaire en principe prohibée à toute autre personne qu'un établissement de crédit.

Cette opportunité juridique est conditionnée à ce que l'investisseur en compte courant contrôle la société, c'est-à-dire, pour simplifier, qu'il y ait directement ou indirectement la majorité des droits de vote.

En conclusion, l'opération de *crowdfunding* réalisée par voie de compte courant est particulièrement avantageuse pour l'investisseur qui prédétermine les conditions de sa rémunération et qui peut sécuriser son investissement avec des garanties. L'opération est aussi sécurisée par le cadre juridique, étroit mais clair, en matière de compte courant d'associé.

Cette option permet de prendre le relais si le nouveau cadre juridique du prêt prévu par l'ordonnance du 30 mai 2014 ne s'appliquait pas, par exemple si le montant du prêt était dépassé.

Pour la société porteuse de projet, l'opération présente aussi un avantage fiscal consistant à pouvoir déduire, en tant que charge financière, la rémunération consentie aux investisseurs. C'est pourtant de cet avantage que le bât blesse puisque la règle fiscale encadre trop strictement la déductibilité des intérêts, limitant du même coup la pertinence de l'investissement en compte courant.

II– Limites fiscales

Le droit fiscal intègre les deux modes de financement des sociétés : l'entrée au capital qui est rémunérée par le dividende et le compte courant qui est rémunéré par l'intérêt.

Pour la société, les intérêts constituent une charge financière, déductible du résultat d'exploitation de la société. En revanche, le dividende versé à un associé n'est pas une charge déductible.

C'est pourquoi le choix du financement par voie de compte courant peut être préféré à celui d'entrer au capital de la société. Par exemple[31], l'investisseur souhaite investir 10 000 € dans la société d'un porteur de projet ; soit, l'équivalent de 10 000 € de parts sociales représentant 50 % du capital social ; il est uniquement associé. Il aura droit à 30 % du bénéfice. La société réalise 2 000 € de bénéfice et accepte la distribution de dividende. Un an et demi plus tard, l'investisseur perçoit 1 000 € de dividendes. La société ne peut pas déduire les 1 000 € de résultat versé à son investisseur. La société payerait un impôt sur les sociétés de 2 000 € x 15 % soit 300 €.

Investisseur et porteur de projet réfléchissent et conviennent que l'investisseur va acquérir 5 % du capital pour 1 000 € et investir 9 000 € en compte courant. L'investisseur est alors associé et prêteur. Un an et demi plus tard, il perçoit 100 € de dividendes. La société ne peut pas déduire les 100 € de résultat versé à son investisseur.

Concernant l'apport en compte courant, la société lui verse chaque trimestre un intérêt de 12 % par an. L'investisseur perçoit alors 1 008 € d'intérêts par an.

Au total, l'investisseur perçoit 100 € de dividendes et 1 008 € d'intérêts.

La société peut déduire, en tant que charge financière, la somme de 1 008 €. Si la société a un résultat d'exploitation de 2 000 €, il serait réduit de 1 008 € de charges financières déductibles. Le bénéfice ne serait plus de 2 000 € mais de

---

31 L'exemple est simplifié au niveau des calculs comptables.

2 000 € – 1 008 €, soit 992 €. La société paierait un impôt sur les sociétés (réduit) de : 992 x 15 % soit 148,80 €.

Ainsi, dans le second cas, la société verse plus de rémunération à son investisseur, qui la perçoit plus tôt et plus régulièrement. Elle peut déduire la charge financière et paie moins d'impôt sur les sociétés.

Dans le premier cas, la société verse moins de rémunération à son investisseur, qui la perçoit hypothétiquement, six mois après la clôture de l'exercice. La société ne peut pas déduire les dividendes. Elle paie plus d'impôt.

Le premier cas est donc plus avantageux pour la société et pour l'investisseur.

C'est pourquoi le financement des sociétés par la voie de compte courant d'associé fait l'objet d'une défiance du législateur, qui lui préfère le financement par voie de capital.

La déductibilité des intérêts a été limitée afin de privilégier le financement par voie de capital. Ainsi, un bailleur de fonds pourrait être conforté par le cadre légal rassurant du compte courant par rapport au monopole bancaire.

L'obstacle est ici fiscal.

En effet, la possibilité pour la société de pouvoir déduire les intérêts versés à son prêteur est plafonnée. La première conséquence est d'augmenter le coût du prêt si une partie des intérêts ne peut pas être déduite des produits de l'entreprise. L'emprunteur souffre, alors, d'un manque à gagner fiscal.

Parallèlement, si le prêt respecte le plafond de déduction fiscale, la rémunération du prêteur est trop faible, eu égard au risque qu'il prend en prêtant.

C'est à la lumière de ce dilemme – entre rémunération du prêteur et déductibilité des intérêts pour l'emprunteur – que le régime fiscal s'articule défavorablement pour le *crowdfunding* par voie d'apport en compte courant. En effet, la faible rémunération de l'investisseur par voie de compte courant ne permet pas de compenser le risque pris par l'investisseur.

Le Code général des impôts prévoit un régime spécifique pour la société débitrice (A) et pour le titulaire du compte courant (B).

A/ Les dispositions à l'égard de la société : fiscalité des intérêts

Par principe, l'intérêt versé par la société au titulaire du compte courant constitue une charge financière déductible[32]. Comparé au versement de dividendes non déductibles, le versement d'un intérêt permet de réduire le bénéfice d'exploitation et donc l'impôt payé sur le bénéfice de la société.

La déductibilité est conditionnée à ce que le taux d'intérêt versé ne dépasse pas un seuil fixé, que le capital soit libéré et que la société ne soit pas sous-capitalisée.

1. Les conditions de déductibilité

Afin d'éviter que des abus interviennent par l'augmentation des comptes courants d'associés au détriment du capital, la déduction des intérêts payés aux associés pour la rémunération des fonds déposés en compte est limitée[33], concernant le taux d'intérêt et la libération du capital.

a. Plafonnement des taux d'intérêt

Les intérêts de comptes courants ne sont déductibles que dans une limite maximale, à savoir un taux déterminé en fonction du taux du marché pratiqué par les établissements de crédit. Ainsi, le montant de l'intérêt ne peut excéder un taux

---

32 Indépendamment de l'existence d'un compte courant d'associé, la rémunération versée en rémunération d'une avance de trésorerie doit avoir un caractère normal et ne pas constituer un acte anormal de gestion. CAA Paris, 5e ch., 21 mars 2019, n° 18PA02196. La Cour Administrative d'Appel de Paris vient de rappeler que le caractère normal ou anormal de la rémunération des avances de fonds consenties par une entreprise à une autre doit être apprécié par rapport à la rémunération que le prêteur pourrait obtenir d'un établissement financier ou d'un organisme assimilé auprès duquel il placerait, dans des conditions analogues, des sommes d'un montant équivalent.

33 CGI, art. 39, 1, 3.

égal à la moyenne annuelle des taux effectifs moyens pratiqués par les établissements de crédit pour des prêts à taux variables aux entreprises d'une durée initiale supérieure à deux ans.

Cependant, le taux d'intérêt peut être dépassé[34].

À cet égard, le Conseil d'État[35] adopte une approche plus souple que la position constante de la jurisprudence antérieure[36]. Il précise que la preuve du caractère de pleine concurrence d'un taux d'intérêt peut être faite par tout moyen

---

[34] Taux de droit commun pour les comptes courants d'associés prévu à l'article 39, 1-3° du CGI.

[35] Avis CE 10-7-2019 n° 429426, *SAS Wheelabrator Group*, RJF 10/19 n° 877. Il résulte de la combinaison de l'article 39 et du I de l'article 212 du Code général des impôts (CGI) que les intérêts afférents aux sommes laissées ou mises à disposition d'une entreprise par une entreprise qui en détient directement ou par personne interposée la majorité du capital social ou y exerce en fait le pouvoir de décision, ou qui est placée sous le contrôle d'une même tierce entreprise que la première, sont déductibles dans la limite de ceux calculés à un taux égal à la moyenne annuelle des taux effectifs moyens pratiqués par les établissements de crédit pour des prêts à taux variable aux entreprises d'une durée initiale supérieure à deux ans ou, s'il est plus élevé, au taux que l'entreprise emprunteuse aurait pu obtenir d'établissements ou d'organismes financiers indépendants dans des conditions analogues.,,,1) Le taux que l'entreprise emprunteuse aurait pu obtenir d'établissements ou d'organismes financiers indépendants dans des conditions analogues s'entend, pour l'application de ces articles, du taux que de tels établissements ou organismes auraient été susceptibles, compte tenu de ses caractéristiques propres, notamment de son profil de risque, de lui consentir pour un prêt présentant les mêmes caractéristiques dans des conditions de pleine concurrence…..,2) Ce taux ne saurait, eu égard à la différence de nature entre un emprunt auprès d'un établissement ou organisme financier et un financement par émission obligataire, être celui que cette entreprise aurait elle-même été susceptible de servir à des souscripteurs si elle avait fait le choix, pour se financer, de procéder à l'émission d'obligations plutôt que de souscrire un prêt.,,,3) L'entreprise emprunteuse, à qui incombe la charge de justifier du taux qu'elle aurait pu obtenir d'établissements ou d'organismes financiers indépendants pour un prêt consenti dans des conditions analogues, a la faculté d'apporter cette preuve par tout moyen. A ce titre, pour évaluer ce taux, elle peut le cas échéant tenir compte du rendement d'émissions obligataires consenti par des entreprises se trouvant dans des conditions économiques comparables, lorsque ces émissions constituent, dans l'hypothèse considérée, une alternative réaliste à un prêt intragroupe.

[36] CAA Paris 31-12-2018, n° 17PA03018, *Société WB Ambassador :* RJF 6/19 n° 514 et TA Paris 7-6-2018, n° 1613999, *Société Paule Ka Holding.*

et notamment à travers des études fondées sur des référentiels obligataires. Les juges rappellent en effet que : *« L'entreprise emprunteuse* [...] *a la faculté d'apporter cette preuve par tout moyen. À ce titre, pour évaluer ce taux, elle peut le cas échéant tenir compte du rendement d'emprunts obligataires émanant d'entreprises se trouvant dans des conditions économiques comparables, lorsque ces emprunts constituent, dans l'hypothèse considérée, une alternative réaliste à un prêt intragroupe. »*

Les valeurs trimestrielles de ces taux effectifs moyens sont établies par la direction générale du Trésor et publiées au *Journal officiel*. Le taux s'élève à 1,21 % au premier trimestre 2020, à 1,16 % au deuxième trimestre.

En somme, l'attrait est trop faible. C'est la principale limite, peut-être rédhibitoire, au recours au compte courant. Il convient de déplafonner la déductibilité des intérêts versés aux bailleurs de fonds participatifs, pour ne pas ruiner l'attrait juridique du compte courant d'associé.

b. Nécessité de libérer le capital

La déductibilité des intérêts est conditionnée à la libération intégrale du capital. Cette condition ruine la pratique consistant, pour les associés, à différer jusqu'au terme légal le versement du solde de leur apport en capital et de le placer en compte courant : ils percevraient ainsi une rémunération plus assurée, et cette rémunération serait déductible pour la société.

Cette condition tenant à la libération des capitaux vaut dès lors pour toutes les sociétés, qu'elles soient passibles de l'impôt sur les sociétés ou de l'impôt sur le revenu.

2. La limite tenant à la sous-capitalisation

La sous-capitalisation s'entend de la situation d'une société dont les capitaux propres sont trop faibles par rapport à la réalité et au volume de son activité. La société n'est pas pour autant en mauvaise posture, le capital social étant distinct des capitaux propres.

La déduction des intérêts versés par une société sous-capitalisée soumise à l'impôt sur les sociétés est donc limitée.

La déduction des intérêts versés par une société sous-capitalisée soumise à l'impôt sur les sociétés à des entreprises liées, au sens de l'article 39 du Code général des impôts, fait l'objet d'une limitation supplémentaire.

Selon l'article 39, 12 du Code général des impôts, des liens de dépendance sont réputés exister entre deux sociétés :

— lorsque l'une détient, directement ou indirectement, la majorité du capital social de l'autre ou y exerce en fait le pouvoir de décision ;

— lorsqu'elles sont placées l'une et l'autre sous le contrôle d'une autre société.

Une société est supposée sous-capitalisée si les intérêts versés à des sociétés apparentées excèdent cumulativement les trois ratios suivants[37] :

• le montant des avances consenties par les sociétés apparentées est supérieur à une fois et demie le montant de ses capitaux propres. Le calcul se fait à l'ouverture de l'exercice ou à la clôture de celui-ci ;

• le montant des intérêts versés à des sociétés apparentées est supérieur à 25 % du montant du résultat courant avant impôts, majoré du montant de ces intérêts, des amortissements et de la quote-part des loyers de crédit-bail ;

---

[37] CGI, art. 212, II.

• le montant des intérêts versés aux sociétés apparentées est supérieur à celui que ces sociétés apparentées ont versé à la société en cause.

La fraction des intérêts excédant la plus élevée de ces limites doit, dès lors, être réintégrée au résultat.

Cependant, aucune réintégration ne doit être effectuée si cette fraction excédentaire est inférieure à 150 000 €, ou si l'entreprise démontre que son endettement global est inférieur ou égal à celui du groupe auquel elle appartient.

Il est à noter que la fraction des intérêts réintégrés peut être déduite au titre des exercices suivants, dans la limite du seuil de 25 % du résultat courant avant impôts corrigé, diminué du montant des intérêts admis en déduction au titre de l'exercice. À compter de la deuxième année du report, une décote annuelle de 5 % s'applique à la fraction des intérêts reportables.

Cette limite dissuade un peu plus le recours aux comptes courants.

Lorsque les intérêts versés aux associés ne sont pas déductibles, ils ne sont pas pour autant considérés comme des distributions irrégulières de bénéfices. Ils doivent simplement être réintégrés au sein du résultat imposable.

B/ Les dispositions à l'égard des associés

Lorsqu'ils sont perçus par une entreprise (société ou pas), les intérêts des comptes courants d'associés sont compris dans les bénéfices professionnels et imposés, en tant que tels, soit à l'impôt sur le revenu, soit à l'impôt sur les sociétés.

Lorsque ces intérêts sont perçus par une personne physique, le régime fiscal des intérêts rémunérant les avances en compte courant d'associé varie selon que les fonds avancés par l'intermédiaire du compte sont (2) ou non bloqués (1).

Dans une hypothèse d'avances consenties à un associé d'une société de personnes, la présomption de distribution prévue par l'article 111, a, du Code général des impôts ne s'applique pas, lorsque les sommes avancées ont été mises à la disposition d'une société de personnes dont le contribuable est l'associé et non directement à la disposition de ce dernier[38].

L'imposition varie selon que l'intérêt versé est, pour la société, déductible (1) ou pas (2) du bénéfice imposable.

1. En cas d'intérêts déductibles

Dans les cas où les intérêts des comptes courants d'associés sont déductibles du bénéfice imposable de la société, ils constituent pour ces mêmes associés des intérêts de créances. Ils sont dès lors tenus de les faire figurer dans leurs revenus comme revenus de capitaux mobiliers[39].

L'impôt est dû par le seul fait, soit du paiement des intérêts, de quelque manière qu'il soit effectué, soit de leur inscription au débit ou au crédit d'un compte[40]. L'associé est par conséquent imposable dès que les intérêts sont mis à sa disposition par inscription au crédit d'un compte courant sur lequel il peut opérer un prélèvement au plus tard le 31 décembre de l'année d'imposition. Il existe, ainsi, une présomption de disponibilité des sommes.

Ces revenus inscrits au compte du bénéficiaire sont imposables dès que ce dernier a eu connaissance de l'inscription du revenu à son compte. Les dirigeants de la société sont d'ailleurs réputés, pour la jurisprudence, avoir

---

38 CE, 10 juill. 2012, n° 324266, LPA 25 oct. 2012, p. 3, note F. Perrotin.

39 CE, 4 août 2006, n° 276210.

40 CGI, art. 125, al. 2.

nécessairement connaissance des versements opérés sur leur compte, compte tenu de l'importance de leurs fonctions[41].

Le titulaire d'un compte courant peut opter pour un prélèvement forfaitaire de 24 %[42] augmenté des prélèvements sociaux. Le prélèvement est, au final, porté à 39,5 %.

Des conditions doivent cependant être respectées pour pouvoir bénéficier de l'option : les intérêts doivent être déductibles ; capital et intérêts ne doivent pas être indexés. L'Administration fiscale accepte de ne pas considérer comme indexés les intérêts dont le taux est fixé par référence à la moyenne annuelle des taux pratiqués par les établissements de crédit pour des prêts à taux variables aux entreprises d'une durée d'au moins deux ans[43].

2. En cas d'intérêts non déductibles

Lorsque les intérêts des comptes courants ne sont pas déductibles, ils ne peuvent plus être perçus comme des intérêts de créance. Ils constituent des distributions occultes de bénéfices.

Le régime d'imposition des associés est moins favorable, car les intérêts non déductibles ne donnent pas droit à l'option pour le prélèvement libératoire.

De plus, s'agissant de distributions irrégulières, la distribution de ces bénéfices ne donne pas droit au régime spécifique des dividendes. Les intérêts en question sont alors soumis au barème progressif de l'impôt sur le revenu sur 125 % de leur montant[44].

---

[41] CE, 3 mai 1993, n° 81447, Dr. fisc. 1993, comm. n° 1763.

[42] CGI, art. 125 A, I.

[43] Instr. 19 janv. 1988 : Dr. fisc. 1988, ID n° 9280.

[44] M. Cozian et F. Deboissy, Précis de fiscalité des entreprises 2012/2013, LexisNexis, 2012, 36e éd., n° 928.

Ainsi, par cohérence, le législateur veut dissuader les sociétés, notamment par la perte de l'abattement de 40 %, de consentir des intérêts excédant les limites légales de déductibilité.

SECTION 2 :
Le recours au prêt participatif comme levier du *crowdfunding* par voie de prêt

Le *crowdfunding* embrasse de nombreuses situations de fait. Le *crowdfunding* par voie de prêt est éclectique.

Pour sécuriser les parties prenantes et l'opération de *crowdfunding*, une solution homogène, adaptée à toutes les situations d'investissement, est nécessaire.

Le prêt participatif est une exception traditionnelle au monopole bancaire. À l'origine, dans les années 1980, il devait permettre, garanti par des organismes parapublics de garanties (comme BPI aujourd'hui), de financer les petites et moyennes entreprises.

Le prêt participatif dans le cadre nouveau du *crowdfunding* constitue une solution très efficace pour régir les financements participatifs par voie de prêt.

Le prêt participatif[45] se définit comme un prêt, tout en constituant une ressource financière à long terme, assortie, en principe, d'une rémunération indexée sur les résultats de l'entreprise, et qui ne vient pas en concours avec les autres

---

45 Créé par la loi n° 78-741 du 13 juillet 1978 *« relative à l'orientation de l'épargne vers le financement des entreprises »*, le prêt participatif a été conçu comme un instrument de renforcement des fonds propres des entreprises. Cependant, le législateur de 1978 a innové en inventant les quasi-fonds propres. La loi de 1978 est, depuis l'ordonnance du 14 décembre 2000, intégrée dans le Code monétaire et financier aux articles L. 313-14 à L. 313-20.

créances en cas de défaillance de l'emprunteur. Il acquiert plusieurs des caractéristiques des vrais fonds propres.

La jurisprudence[46] a pu définir le prêt participatif comme « un prêt de longue durée destiné à renforcer les fonds propres des entreprises, un moyen de financement intermédiaire entre un financement à long terme et une prise de participation pour une durée en général de 60 ou 84 mois ; que surtout, aucune garantie n'est demandée ni sur les actifs de l'entreprise ni sur le patrimoine des dirigeants – ce qui rend ce type de crédit particulièrement risqué pour le prêteur, le remboursement du prêt participatif venant après celui de toutes les autres créances bancaires ; que cet inconvénient est compensé par le système de rémunération du prêt participatif, qui peut être composée d'une partie fixe et d'une partie variable indexée sur certains indicateurs de performance de l'entreprise débitrice. »

La Cour de Cassation estime que, pour que le prêt consenti obéisse au régime légal du prêt participatif, il importe que les parties – et spécialement le prêteur – aient eu l'intention de soumettre ce prêt au régime des prêts participatifs, peu important la dénomination donnée à celui-ci dans la convention[47].

La jurisprudence vérifie la volonté des parties de conclure ou non un prêt participatif, indépendamment de la qualification mentionnée dans le prêt[48].

---

[46] CA Paris, pôle 5 ch. 6, 29 mai 2019, n° 17/03631.

[47] Cass. com., 18 juin 2013, n° 12-19.794.

[48] CA Paris, pôle 5, ch. 6, 29 mai 2019, n° 17/03631. I. Nature juridique des prêts participatifs. Considérant qu'au vu du libellé de la clause litigieuse *« Taux de 0,5 % par mois hors assurance auquel s'ajoute 1 % par mois hors assurance a titre de prêt participatif pour l'aide apporté à la mise en place du programme » ni claire ni explicite ni précise, le tribunal a eu raison de rechercher la volonté des parties, et a pu ainsi retenir de manière pertinente que le prêt litigieux n'est pas un prêt participatif nonobstant la qualification donnée par les parties ;*

Au-delà de la loi, tout prêteur peut, par contrat, accepter qu'en cas de défaillance de son débiteur, sa créance soit remboursée après les créances chirographaires.

Aussi, la loi donne-t-elle aux tiers une garantie plus forte de stabilité des ressources financières apportées à l'entreprise sous forme de prêts participatifs.

I– Nature juridique des prêts participatifs

C'est un prêt conclu entre des emprunteurs et des prêteurs rémunérés par un taux d'intérêt.

A/ Les emprunteurs

Le statut d'emprunteur par un prêt participatif est finalement ouvert à maints entrepreneurs. Cette étendue des bénéficiaires fait du prêt participatif un instrument pertinent pour les porteurs de projet recourant au *crowdfunding*.

Le prêt participatif est réservé aux entreprises « industrielles et commerciales »[49].

Qu'en effet un prêt participatif en pratique se présente comme un prêt de longue durée destiné à renforcer les fonds propres des entreprises, un moyen de financement intermédiaire entre un financement à long terme et une prise de participation pour une durée qui est généralement de 60 ou 84 mois ; que surtout, aucune garantie n'est demandée ni sur les actifs de l'entreprise ni sur le patrimoine des dirigeants ce qui rend ce type de crédit particulièrement risqué pour le prêteur le remboursement du prêt participatif venant après celui de toutes les autres créances bancaires ; que cet inconvénient est compensé par le système de rémunération du prêt participatif qui peut être composée d'une partie fixe et d'une partie variable indexée sur certains indicateurs de performance de l'entreprise débitrice, ce qui en l'espèce n'a pas été acté entre les parties ; qu'en réalité monsieur Y très vraisemblablement avait simplement pour objectif de réaliser une opération financière lucrative, qu'il était possible d'atteindre rapidement compte tenu du taux d'intérêt consenti, hors du commun, plus qu'il n'avait en tant que prêteur de volonté de participer à l'activité du groupe ».

[49] C. mon. fin., art. L. 313-13.

On peut considérer que toutes les entreprises sont visées, quelle que soit leur forme juridique : sociétés civiles et commerciales, associations, entreprises personnelles, pourvu qu'elles aient une activité économique peu importe leurs caractères. Ne sont pas exclues les entreprises de services, ni *a fortiori* les entreprises du bâtiment et de travaux publics qui, traditionnellement, ne sont pas considérées comme « industrielles » par les autorités économiques.

En revanche, les personnes physiques sont exclues du bénéfice des prêts participatifs. Cette exclusion est d'ordre public[50].

La jurisprudence confirme ce principe : *« Les prêts participatifs n'étant consentis qu'aux entreprises industrielles et commerciales, les personnes physiques non commerçantes, seraient-elles les dirigeants sociaux de ces entreprises, ne peuvent contracter de tels prêts »*[51].

On peut se poser la question de savoir si les artisans, qui n'ont pas la qualité de commerçants, peuvent recevoir des prêts participatifs.

Le champ des bénéficiaires est étendu aux entreprises artisanales en faveur des petites et moyennes entreprises. En outre, il est fait explicitement référence aux entreprises individuelles en prévoyant que l'attribution d'un prêt participatif à celles-ci n'emporte pas, par elle-même, constitution d'une société entre les parties au contrat[52].

---

50 CA Nancy, 7 nov. 2001, *Juris-Data* n° 2001-162756.

51 Cass. com., 7 mars 1995, *Juris-Data* n° 1996-000460; JCP G 1995, n° 19, IV, n° 1119, p. 138 ; Cass. com., 18 juin 2002, *Juris-Data* n° 2002-015008 ; Cass. com., 9mai 2001, *Juris-Data* n° 2001-009381.

52 C. mon. fin., art. L. 313-13.

B/ Les prêteurs

L'analyse des prêteurs participatifs autorisés par la loi révèle une distorsion entre le champ étendu des emprunteurs et celui trop étroit des prêteurs. Or, le *crowdfunding*, loin de ne toucher que des sociétés commerciales, est dans une large mesure irriguée par des citoyens, des particuliers.

1. Un champ trop étroit

Peuvent consentir des prêts participatifs : l'État, établissements de crédit, entreprises d'assurances, sociétés commerciales, établissements publics (liste fixée par décret), associations sans but lucratif[53] réalisant des prêts pour la création ou le développement d'entreprises par des chômeurs ou titulaires des minima sociaux sur ressources propres et sur emprunts contractés auprès d'établissements de crédit ou d'institutions[54].

Sont exclues du droit de consentir des prêts participatifs : sociétés civiles, associations, personnes physiques, y compris les associés de l'entreprise et leurs dirigeants[55], collectivités locales.

Ceci n'empêcherait pas ces personnes physiques et morales de consentir des prêts subordonnés, voire de les assortir de participations aux résultats de l'emprunteur. Mais ces prêts, ne bénéficieraient pas automatiquement de l'assimilation à des fonds propres au niveau de l'analyse financière ni, surtout, du bénéfice de l'exception légale au monopole bancaire.

La loi exclut donc les personnes physiques et les sociétés non commerciales. Au regard du développement du

---

53 Loi n° 2005-882 du 2 août 2005.

54 C. mon. fin., art. L. 313-13.

55 Rép. min. à M. Borjeux, n° 31405, *JO* Sénat 31 janv. 1980, p. 206.

crowdfunding, une majorité de prêteurs potentiels est exclue du bénéfice de l'exception légale au monopole bancaire.

Il nous semble donc particulièrement opportun d'étendre le champ des prêteurs participatifs aux personnes physiques et aux sociétés non commerciales (notamment les holdings familiaux) pour permettre aux prêteurs potentiels de bénéficier de la sécurité juridique du prêt participatif.

La loi nouvelle régissant le *crowdfunding* autorise au prêteur personne physique de bénéficier de l'exception au monopole bancaire s'il ne dépasse pas 1 000 € par projet. L'avancée est insuffisante et vient soutenir l'idée, fausse, que le *crowdfunding* serait un financement minimaliste ne visant que des projets minimes : une sorte de gadget économique pour petits projets.

En somme, le *crowdfunding* par voie de prêt ne deviendra un financement alternatif de premier rang que si le prêt participatif est ouvert à tous, afin de garantir la sécurité juridique nécessaire à l'investissement.

2. Les conditions indicatives de ressources du prêteur

Les personnes morales habilitées à consentir des prêts participatifs le font *« sur leurs ressources disponibles à long terme »*[56].

La loi ne prévoit qu'une indication sans sanction.

En revanche s'agissant de prêts participatifs entre sociétés commerciales, surtout si elles appartiennent au même groupe, la recommandation explicite du législateur peut être un argument pour établir la faute de l'emprunteur, voire sa complicité, en cas d'abus de biens sociaux, si le prêt

[56] C. mon. fin., art. L. 313-13.

participatif s'est révélé une opération désastreuse pour le prêteur.

II– Régime juridique

Le prêt participatif est régi par les règles du droit commun, en partie adaptées aux spécificités induites par le caractère participatif du prêt, lequel donne par l'effet de la loi un caractère de quasi-fonds propre à ce type de prêt.

A/ Rémunération et remboursement du prêteur

Le prêt participatif obéit à des règles spécifiques en matière de rémunération comme en matière de remboursement.

1. Rémunération des prêteurs

Le prêt participatif peut être assorti d'un taux d'intérêt fixe ou variable. Cet intérêt fixe *« peut être majoré dans les conditions qui sont déterminées par le contrat, notamment par le jeu d'une clause de participation au bénéfice net de l'emprunteur »*[57].

a. Régime général

Le contrat de prêt participatif doit prévoir un taux d'intérêt qui ne doit pas dépasser le taux d'usure. Il s'agit d'une limite en pratique très basse qui réduit la rémunération du prêteur. Ces derniers devraient pouvoir prétendre, notamment dans le cadre d'une rémunération variable, à un intérêt plus important que le taux d'usure[58].

---

57 C. mon. fin., art. L. 313-17.

58 Doc. AN 1977/1978, seconde session ordinaire, n° 390.

Taux d'usure applicables en septembre 2023

Catégorie	Taux effectif % moyen pratiqué en septembre 2023	Taux d'usure % applicable au 1er septembre 2023
Crédits de trésorerie Crédits de trésorerie aux ménages et prêts pour travaux d'un montant inférieur ou égal à 75 000s	Séries	Séries
Prêts d'un montant inférieur ou égal à 3 000s	16,21	21,61
Prêts d'un montant supérieur à 3 000s et inférieur ou égal à 6 000s	9,01	12,01
Prêts d'un montant supérieur à 6 000s	5,14	6,85
Crédits immobiliers Crédits immobiliers et prêts pour travaux d'un montant supérieur à 75 000s		
Prêts à taux fixe d'une durée inférieure à 10 ans	3,17	4,23
Prêts à taux fixe d'une durée comprise entre 10 ans et moins de 20 ans	3,96	5,28
Prêts à taux fixe d'une durée de 20 ans et plus	4,17	5,56
Prêts à taux variable	3,85	5,13

Prêts relais	4,15	5,53

Catégorie	Taux effectif % moyen pratiqué au 1er trimestre 2020	Taux d'usure % applicable au 1er avril 2020
Prêts aux personnes morales n'ayant pas d'activité industrielle, commerciale, artisanale, agricole ou professionnelle non commerciale	Séries	Séries
Prêts à taux fixe d'une durée initiale supérieure à 2 ans et inférieur à 10 ans	4,72	5,29
Prêts à taux fixe d'une durée initiale supérieure à 10 ans et inférieur à 20 ans	4,68	6,24
Prêts à taux fixe d'une durée initiale supérieure à 20 ans	4,75	6,33
Prêts à taux variable d'une durée initiale supérieure à 2 ans	5,69	7,59
Découverts en compte	13,19	17,59

Autres prêts d'une durée initiale inférieure ou égale à 2 ans	5,01	6,68

La limitation de la rémunération des prêts participatifs par le taux d'usure est d'ordre public, de sorte que le contrat ne saurait y déroger.

Cette logique fiscale et juridique a un effet dissuasif. Il est probable qu'il faille voir là une des causes qui ont entraîné l'abandon par la pratique des clauses participatives et la banalisation des prêts participatifs, qui ont tendance à ne plus se distinguer des prêts ordinaires que par leur caractère de créance de dernier rang.

b. Cas de la rémunération variable

Les parties au contrat de prêt participatif peuvent choisir de prévoir un taux d'intérêt fixe ou une clause participative, sans aucune incidence sur la nature juridique du prêt participatif.

Si les parties optent pour une clause de ce type, elles peuvent prévoir librement la participation du prêteur aux résultats de l'emprunteur et décider de calculer cette participation sur n'importe quel élément des résultats de l'entreprise : bénéfice net avant ou après impôts, bénéfice brut, résultat brut d'exploitation avant ou après provisions, ou encore chiffre d'affaires. Cette participation aux bénéfices *« s'exerce sous la forme d'un prélèvement prioritaire sur le bénéfice distribuable avant toute autre affectation et est approuvée par les associés statuant selon les conditions requises pour la modification des statuts et par les assemblées spéciales »*.

Cette clause doit être approuvée par l'assemblée générale extraordinaire, par l'assemblée spéciale des détenteurs d'actions à dividende prioritaire sans droit de vote et éventuellement par les assemblées spéciales réunissant d'autres titulaires d'actions d'une catégorie déterminée[59].

---

[59] C. com., art. L. 225-99.

À l'évidence, la complexité et la lourdeur de ces procédures rendent incompatible l'utilisation de clause de participation dans les prêts conclus dans une logique de *crowdfunding*.

On se trouve donc en présence de deux groupes de personnes qui ont le droit de prélever sur le bénéfice de l'exercice leur participation *« avant toute autre affectation »*. La consultation de l'assemblée de titulaires d'actions à dividende prioritaire devrait permettre de régler le conflit éventuel entre les droits de ces actionnaires et ceux des prêteurs de prêts participatifs[60].

Elle reste cependant valable pour les prêts participatifs qui seraient consentis à une société par une personne morale participant à son capital et constitueraient, dès lors, des avances d'associés. Le Code général des impôts limite la rémunération de ces avances à *« la moyenne annuelle des rendements bruts à l'émission des obligations des sociétés privées »*.

2. Conditions de remboursement du prêt

L'enjeu attaché aux conditions de remboursement du prêt est la sécurité juridique de la société débitrice et l'attrait de l'investissement pour le bailleur de fonds.

La société a tout intérêt à encadrer le remboursement du prêt pour éviter d'être confrontée à une demande de remboursement immédiate qu'elle ne pourrait pas supporter, faute de trésorerie.

À l'opposé, l'investisseur va privilégier, avec la rémunération adaptée à sa prise de risque, la liquidité de son investissement à savoir la possibilité de récupérer son

[60] Ch. Carmagnol, Les prêts participatifs, JCP CI 1980, II, 13350.

investissement sans délai pour éviter d'être bloqué dans une société malgré lui.

Au-delà de cette conciliation des intérêts antagonistes, le remboursement est régi par la situation financière de la société : si la société est *in bonis*, le remboursement se fera en application du contrat ; si elle fait l'objet d'une procédure collective, la décote légale s'appliquera.

a. Application du contrat lorsque l'emprunteur est in bonis

Tant que le débiteur est en activité et *in bonis*, il doit rembourser toutes ses dettes à échéance, y compris ses prêts participatifs.

L'emprunteur rembourse donc le capital et les intérêts en fonction du rythme prévu dans le contrat de prêt.

b. Créancier de dernier rang en cas de procédure collective

Les emprunteurs participatifs sont des créanciers de dernier rang, après les créanciers chirographaires. En cas de redressement judiciaire, l'activité est poursuivie et le règlement des créanciers se fera dans les conditions posées par le tribunal, dans le cadre d'un plan de continuation ou d'un plan de cession.

Cependant, remboursement des prêts participatifs et paiement des rémunérations convenues sont suspendus « *pendant toute la durée du plan de continuation* ». La logique voudrait que cette suspension soit désormais appliquée à la durée du plan de redressement[61].

La durée du plan de continuation ne peut excéder dix ans[62].

---

61 C. mon. fin., art. L. 313-16.

62 C. com., art. L. 621-66.

En cas de liquidation judiciaire, les prêts participatifs, créances de dernier rang, seront remboursés après toutes les autres créances, privilégiées ou chirographaires, mais avant toute distribution aux actionnaires d'un éventuel boni de liquidation.

B/ Une qualification légale de quasi-fonds propres pour l'emprunteur

Par application de la loi, les prêts participatifs sont des fonds propres pour « *l'appréciation de la situation financière des entreprises* »[63].

Nous doutons qu'une loi suffise pour convaincre les analystes financiers qu'une dette de l'entreprise, éventuellement remboursable sans délai de franchise, puisse constituer des capitaux propres.

Les capitaux propres constituent la ressource à long terme de l'entreprise, le capital social représentant à l'origine le gage des créanciers de la société. Ainsi, le prêt participatif doit, pour être définitivement considéré comme du capital propre, constituer une ressource pérenne de la société.

Tel est le cas, si le contrat de prêt participatif prévoit un mode de remboursement garantissant à l'emprunteur une pérennité du financement. Le prêt prévoira, alors, un délai de remboursement suffisamment lointain avec, le cas échéant, une franchise de remboursement.

En revanche, la loi ne suffira pas à moduler l'image comptable de la société. Elle ne serait pas fidèle à la réalité financière de la société si le prêt participatif était remboursable à moindre délai, voire à tout moment, en respectant un préavis relativement court. Dans ce cas, les

---

63 C. mon. fin., art. L. 313-14.

analystes de la société réintégreraient dans leur analyse le prêt participatif en dette de bas de bilan.

À la limite, cette qualification légale biaise l'image comptable de la société, en induisant une solidité financière qui n'est pas réelle. Un prêt remboursable sans limite peut être inadapté aux besoins de l'entreprise.

SECTION 3 :
L'ouverture du financement participatif aux prêts à la consommation entre particuliers

La loi Pacte prévoit une expérimentation de financement participatif entre particuliers appartenant à une même communauté professionnelle pour des crédits à la consommation. Par ailleurs, une nouvelle obligation d'information sur le risque de défaillance s'impose aux intermédiaires en financement participatif (IFP).

La loi Pacte vise à élargir les sources de financement pour les particuliers en autorisant, à titre d'expérimentation, les intermédiaires en financement participatif (IFP) à mettre en relation des particuliers[64] prêteurs et emprunteurs ayant des liens établis au sein d'une même entreprise ou d'un même groupe d'entreprises – y compris les salariés, dirigeants, associés, clients et fournisseurs – pour des opérations de crédit à la consommation[65] et visant au financement de projets personnels déterminés. Sont exclus les crédits renouvelables et le regroupement de crédit.

Toute opération de prêt réalisée, dans le cadre de l'expérimentation, devra répondre aux conditions suivantes :

---

[64] Loi Pacte 2019-486 du 22-5-2019 art. 74 et 99 : JO 23 texte n° 2 ; Décret 2019-672 du 27-6-2019.

[65] Régies par les articles L 311-1 et suivants du Code de la consommation.

— un emprunteur ne pourra pas emprunter plus de 30 000 € pour un même projet personnel ;

— le montant prêté par prêteur pour une même opération de prêt ne pourra pas être supérieur à 2 000 € ;

— la durée de remboursement du prêt ne pourra pas être supérieure à 60 mois ;

— le taux conventionnel applicable sera de nature fixe.

Afin de pouvoir effectuer l'évaluation de la solvabilité de l'emprunteur, l'IFP est autorisé à consulter le fichier national recensant les informations sur les incidents de paiement caractérisés.

Préalablement à la conclusion du contrat de prêt, l'emprunteur devra fournir à l'IFP des éléments précis permettant d'identifier son projet personnel. L'IFP fournira de son côté au prêteur et à l'emprunteur le contrat qui répond aux exigences posées par le Code de la consommation pour la formation du contrat de crédit et les informations mentionnées dans le contrat.

Afin de pouvoir évaluer la solvabilité de l'emprunteur, l'intermédiaire en financement participatif pourra consulter le fichier national recensant les informations sur les incidents de paiement caractérisés (FICP). Il ne pourra divulguer, sous quelque forme que ce soit, ni au prêteur ni à un tiers autre que l'emprunteur, les informations contenues dans ce fichier, et il ne pourra les utiliser que dans le cadre du financement de projets personnels déterminés (Loi 2019-486 art. 99, IV).

L'entrée en vigueur de l'expérimentation est limitée à trois ans, soit jusqu'au 22 mai 2022.

Par ailleurs, la loi Pacte renforce l'obligation générale de mise en garde des IFP à l'égard de leurs clients. Ainsi, outre les obligations d'information listées à l'article L 548-6 du Code monétaire et financier, les IFP doivent, depuis le 24 mai 2019, mettre en garde :

— les prêteurs, sur les risques liés au financement participatif de projet, notamment en publiant les taux de défaillance enregistrés sur les projets en cours et les projets financés depuis plus de 12 mois ;

— les porteurs de projet, sur les risques d'un endettement excessif.

SECTION 4 :
Le recours aux minibons

I – Prêts émis via des minibons

Une catégorie spécifique de bons de caisse, les minibons, peut être proposée à l'achat ou à la souscription sur les plateformes de financement participatif[66]. Les minibons sont des titres nominatifs délivrés en reconnaissance d'une dette.

Les minibons ne peuvent être émis que par des sociétés par actions et des sociétés à responsabilité limitée dont le capital est intégralement libéré ; ils doivent conférer un droit de créance identique pour une même valeur nominale[67].

Le montant total des offres de minibons d'un même émetteur ne peut excéder 8 millions d'euros sur une période de 12 mois suivant la date de la première émission[68]. Le montant que peut souscrire un investisseur n'est, en revanche, pas limité.

Le taux d'intérêt applicable au prêt en contrepartie duquel les minibons sont émis est nécessairement fixe et ne peut pas

---

105 [66] C. mon. fin. art. L 223-6.

[67] C. mon. fin. art. L 223-7 et L 223-8.

[68] C. mon. fin. art. L 223-9 et D 223-2.

excéder celui de l'usure[69]. La périodicité de remboursement des échéances du prêt ne peut être supérieure à un trimestre ; les échéances sont constantes[70].

L'émetteur remet au souscripteur des minibons un certificat d'inscription.

L'émission et la cession de minibons peuvent être inscrites dans un dispositif d'enregistrement électronique partagé permettant l'authentification de ces opérations (dispositif de *blockchain*)[71].

II –Fiscalité applicable au prêteur

Les intérêts reçus par le prêteur sont imposés selon le régime de droit commun des produits de placement à revenu fixe.

La perte en capital subie par une personne physique agissant dans le cadre de la gestion de son patrimoine privé – en cas de non-remboursement d'un prêt (avec ou sans intérêt) ou de minibons – est imputable, pour les besoins de l'impôt sur le revenu, à compter de l'année au cours de laquelle la créance du prêteur devient définitivement irrécouvrable, au sens de l'article 272 du CGI, sur les intérêts générés par des prêts consentis ou des minibons souscrits dans les mêmes conditions (c'est-à-dire par d'autres prêts ou minibons participatifs) et perçus au cours de la même année ou des cinq années suivantes. Le montant total des pertes imputables ne peut excéder 8 000 € au titre d'une même année[72].

---

69 C. mon. fin. art. L. 223-10.

70 C. mon. fin. art. D. 223-3.

71 C. mon. fin. art. L. 223-12 et L 223-13.

72 CGI, art. 125-00 A.

L'imputation des pertes est sans effet sur le calcul des prélèvements sociaux, qui restent dus sur le montant brut des intérêts perçus[73].

Les instruments de dette (titres participatifs, obligations à taux fixe et minibons), commercialisés par les plateformes de financement participatif (*crowdlending*), peuvent désormais être logés dans un PEA PME[74].

---

73 CSS art. L. 136-6.

74 Loi Pacte 2019-486 du 22-5-2019 art. 89 à 93 : JO 23 texte n° 2.

PARTIE 2 :

LE FINANCEMENT PARTICIPATIF PAR VOIE D'ENTREE AU CAPITAL

Les porteurs de projet qui recherchent des fonds peuvent choisir d'ouvrir le capital de leur société.

Pour que l'argent des investisseurs bénéficie à la société, la levée de fonds doit prendre la forme d'une augmentation de capital.

Cette hypothèse implique, d'une part, l'exploitation du projet objet du financement dans une société ; d'autre part, l'investissement se fait par l'entrée au capital de la société du porteur de projet.

Cette perspective bute d'emblée sur un décalage entre le financement participatif impliquant souvent une modicité de l'investissement et un grand nombre d'investisseurs, et la procédure d'augmentation de capital.

Par exemple, une augmentation de capital de 100 000 € peut être financée par 1 000 investisseurs avec une moyenne de 100 € par investisseur.

L'enjeu est alors de concrétiser juridiquement une telle levée de fonds impliquant maints investisseurs et de faibles montants investis.

Si une augmentation de capital de 100 000 € souscrite par un investisseur est naturelle, la lourdeur de la procédure n'est pas bloquante. En revanche, l'augmentation de capital devient impossible avec 1 000 investisseurs.

C'est pourquoi le *crowdfunding* impose d'exploiter d'autres aspects du droit des sociétés pour bénéficier de la souplesse des procédures de variation du capital, seule solution compatible avec le *crowdfunding*.

Dans la même logique, les porteurs de projet qui sollicitent une levée de fonds sur une plateforme de *crowdfunding* ne peuvent pas anticiper le succès ou non de leur projet. Faute de sécurisation juridique, le succès du projet auprès des investisseurs implique une augmentation du nombre d'associés. Leur niveau de participation va donc augmenter par rapport à la part initiale du porteur de projet. La conséquence est la dilution de la participation du porteur de projet face aux prises de participation des investisseurs.

Le risque est que le porteur de projet perde le contrôle de sa société. L'enjeu est d'utiliser les règles juridiques permettant de prémunir le porteur de projet contre le risque de dilution et donc de dépossession de son projet.

Ainsi, les règles régissant les augmentations de capital sont inadaptées au caractère du *crowdfunding*.

Mais l'utilisation du capital variable, dans une société en commandite ou une société par actions simplifiée, permet d'assurer la fluidité du capital pour les investisseurs et de pallier le risque de dilution pour le porteur de projet.

CHAPITRE I :

L'INADAPTATION DES REGLES ACTUELLES AUX IMPERATIFS DU FINANCEMENT PARTICIPATIF

Une levée de fonds par voie de capital dans le *crowdfunding* implique l'application de règles particulièrement contraignantes. La contrainte est telle que leur application neutralise le projet.

Les contraintes résident dans le coût et la durée de certaine procédure d'augmentation de capital. Les contraintes sont redoutables car, faute de respect des règles, les sanctions peuvent être lourdes de conséquences pour les parties prenantes.

D'une part, les porteurs de projet s'exposent à la lourdeur de la procédure d'augmentation de capital et aux conséquences de l'offre publique de titres financiers.

D'autre part, les contraintes existent aussi pour la plateforme de *crowdfunding*. Elle est à la fois un intermédiaire et met à disposition des moyens de paiement.

SECTION 1 :
La situation du porteur de projet

Le porteur de projet qui sollicite une levée de fonds par voie d'augmentation de capital est soumis à deux contraintes majeures. L'ouverture de son capital oblige le porteur de projet à respecter les procédures d'augmentation de capital, lourdes et onéreuses. La proposition à des investisseurs de souscrire au capital de la société oblige, en outre, le porteur de projet à respecter, le cas échéant, les règles régissant l'offre publique de titres financiers.

1– Problématique interne : lourdeur des entrées au capital classiques

Le capital social d'une société est intangible, c'est le gage des créanciers. Dès lors, l'entrée dans le capital d'investisseur est possible par acquisition de parts existantes ou bien par augmentation de capital.

Concernant d'emblée l'acquisition du capital par voie de cession, il faut trouver la contrepartie, il y a les sélections à passer, la clause d'agrément. Il est nécessaire d'obtenir l'agrément des autres associés en assemblée générale.

La procédure, lourde et contraignante, suppose une contrepartie.

Concernant l'augmentation de capital : la modification du capital relève en principe de l'assemblée générale des associés réunis en assemblée générale extraordinaire. La procédure est encore lourde et contraignante.

Cette contrainte – incompatible avec la fluidité du *crowdfunding* – tient d'abord à la compétence exclusive de l'assemblée générale pour réaliser une augmentation de capital et, ensuite, au respect des conditions préalables à l'augmentation de capital.

A/ La compétence exclusive des assemblées générales

Le capital social fait partie intégrante des mentions devant figurer dans les statuts d'une société. « *Les statuts* [...] *déterminent, outre les apports de chaque associé, la forme, l'objet, l'appellation, le siège social, le capital social, la durée de la société et les modalités de son fonctionnement* »[1].

Dans toute société, c'est l'assemblée générale des associés qui a le pouvoir d'augmenter le capital en numéraire, selon les règles de convocation, de quorum (s'il y en a) et de majorité nécessaires à la modification des statuts.

Bref, les règles applicables à une telle levée de fonds sont rigides et sévères.

1. La compétence de l'assemblée générale extraordinaire

Quel que soit le type de société du porteur de projet, la compétence de l'assemblée générale extraordinaire est la règle pour procéder à une augmentation de capital.

a. Compétence en matière de société à responsabilité limitée

La décision d'augmenter le capital appartient aux associés réunis en assemblée[2]. Les statuts peuvent toutefois prévoir que les décisions collectives seront prises par consultation

---

[1] C. civ., art. 1835.

[2] C. com., art. L. 223-27, al. 1 ; Cass. com., 28 nov. 2018, n° 16-28.358, publié au bulletin.

écrite des associés ou par un acte exprimant la volonté de tous les associés.

En matière de société à responsabilité limitée unipersonnelle, ces décisions, prises en lieu et place de l'assemblée, sont mentionnées dans un registre des décisions[3].

Concernant la majorité, si l'augmentation de capital est réalisée par le biais d'une augmentation de la valeur nominale des parts sociales, tous les associés doivent participer à l'augmentation de capital, à hauteur de la différence entre l'ancienne et la nouvelle valeur nominale des parts.

Ce type d'augmentation de capital, moins usité en pratique, pour lever des fonds ne pourra donc être décidé qu'à l'unanimité des associés[4]. En effet, cette opération engendre une augmentation des engagements des associés. Leur responsabilité limitée à leur apport est étendue par la hausse du nominal de leurs parts.

Si l'augmentation de capital se fait par la création de parts sociales nouvelles, elle est donc décidée aux conditions de majorité et, éventuellement de quorum, envisagées précédemment. Aucun associé n'est obligé de participer à l'augmentation de capital.

L'augmentation de capital est réalisée à une valeur déterminée par les associés. Cette valeur peut être supérieure à la valeur nominale prévue initialement dans les statuts. Dans ce cas, la différence entre le prix d'émission et la valeur nominale est appelée la prime d'émission.

Les sociétés à responsabilité limitée peuvent encaisser les fonds liés à l'augmentation de leur capital de manière plus échelonnée, en fonction de leurs besoins financiers.

---

[3] C. com., art. L. 223-31, al. 3.

[4] C. com., art. L. 223-31.

Une augmentation de capital par souscription de parts sociales en numéraire implique[5] que les dispositions du dernier alinéa de l'article L. 223-7 s'appliquent. Soit :

— une libération immédiate des parts lors de la souscription d'un quart au moins de leur valeur nominale ;

— une libération différée du surplus, en une ou plusieurs fois, dans le délai de cinq ans, à compter du jour où l'augmentation du capital est devenue définitive.

Concrètement, dans les huit jours de leur réception, les fonds provenant de la libération des parts sociales sont déposés par les personnes qui les ont reçus à la Caisse des dépôts et consignations, chez un notaire ou dans un établissement de crédit. La mention de la libération des parts et du dépôt des fonds doit être portée dans les statuts[6].

Le retrait des fonds provenant de souscriptions peut être effectué par un mandataire de la société après l'établissement du certificat du dépositaire.

Si l'augmentation du capital n'est pas réalisée dans un délai de six mois à compter du premier dépôt de fonds, les apporteurs peuvent, individuellement, demander en justice l'autorisation de retirer le montant de leurs apports.

La banque dépositaire engagerait sa responsabilité en débloquant les fonds sans s'être assurée de l'effectivité de l'augmentation de capital[7].

---

[5] C. com., art. L. 223-32.

[6] C. com., art. R. 223-3.

[7] Cass. com., 29 juin 1999, n° 96-16860 : RJDA 10/99, n° 1086.

b. Compétence en matière de société par actions

1. Compétence de principe à l'assemblée générale extraordinaire

Pour les sociétés par actions : « *L'assemblée générale extraordinaire est seule compétente pour décider, sur le rapport du conseil d'administration ou du directoire, une augmentation de capital immédiate ou à terme* ». Néanmoins, elle peut « *déléguer cette compétence au conseil d'administration ou au directoire* »[8].

Dans les SAS, si « *les statuts déterminent les décisions qui doivent être prises collectivement par les associés* » [...]), *que* « [...] *les attributions dévolues aux assemblées générales extraordinaires et ordinaires des sociétés anonymes, en matière* [notamment] *d'augmentation* [...] *de capital* [sont], *dans les conditions prévues par les statuts, exercées collectivement par les associés* »[9].

Toute décision, toute clause des statuts qui contreviendrait à cette compétence de principe – par exemple en posant la compétence de principe du conseil d'administration – serait nulle[10].

Ce n'est que par le biais d'une délégation que le conseil d'administration peut se voir confier le pouvoir de décider des modalités, voire du principe même, de l'augmentation[11].

2. Possibilité de délégation

Seule l'assemblée générale extraordinaire est compétente pour décider d'une augmentation de capital, mais elle peut

---

[8] C. com., art. L. 225-129, al. 1 ; CA Paris, pôle 5 ch. 8, 7 mai 2019, n° 16/21016 ; *adde* Cass. com., 15 mars 2017, n° 15-50.021, publié au bulletin.

[9] C. com., art. L. 227-9, al. 2.

[10] C. com., art. L. 225-149-3, al. 3.

[11] C. com., art. L. 225-135-1 et R. 225-118.

toutefois se dessaisir de cette compétence au profit du conseil d'administration ou du directoire.

Pour résumer, l'assemblée qui décide de procéder à une augmentation de capital peut :

— décider de l'augmentation de capital elle-même en fixant l'ensemble de ses modalités[12] ;

— décider de l'augmentation de capital et déléguer au conseil d'administration ou au directoire le pouvoir d'en fixer les modalités (délégation de pouvoir)[13] ;

— déléguer au conseil d'administration ou au directoire sa compétence de décision, dans les limites déterminées par l'assemblée générale (délégation de compétence ou autorisation d'émission)[14].

L'assemblée générale extraordinaire peut déléguer au conseil d'administration ou au directoire sa compétence pour décider de l'augmentation de capital[15]. Cette délégation est limitée à la fois dans le temps (déterminée par l'assemblée dans la limite de 26 mois) et du point de vue du montant, puisque l'assemblée fixe le plafond global de l'augmentation.

Dans ce cadre prédéterminé, le conseil d'administration ou le directoire est compétent pour :

— fixer les conditions d'émission,

— constater la réalisation des augmentations de capital qui en résultent,

— procéder à la modification corrélative des statuts.

---

12 C. com., art. L. 225-129-3, al. 1.

13 C. com., art. L. 225-129-1.

14 C. com., art. L. 225-129-2.

15 *Ibid.*

2. Les conséquences pratiques de la compétence de l'assemblée

Les modalités de mise en œuvre d'une augmentation de capital sont très précises et imposent le respect d'une procédure stricte, longue et onéreuse, tant au niveau de la société que des tiers.

a. Concernant toutes les sociétés

1. Convocation

Les associés doivent être convoqués, 15 jours au moins avant la réunion de l'assemblée, par lettre recommandée[16].

En cas de consultation écrite, le texte des résolutions proposées et documents nécessaires à l'information des associés sont adressés à chacun d'eux par lettre recommandée[17]. Ils disposent d'un délai minimal de 15 jours, à compter de la réception des projets de résolution, pour émettre leur vote par écrit.

2. Quorum et majorité

Pour les SARL constituées avant le 3 août 2005[18], l'augmentation de capital est adoptée par les associés représentant au moins les 3/4 des parts sociales. Toute clause exigeant une majorité plus élevée est réputée non écrite.

Pour les SARL constituées depuis le 3 août 2005, l'article L. 223-30, alinéa 3 du Code de commerce prévoit :

— des conditions de quorum : l'assemblée ne délibère valablement que si les associés présents ou représentés possèdent au moins, sur première convocation, le quart des parts et, sur deuxième convocation, le cinquième de celles-ci. À défaut, la deuxième assemblée peut être prorogée à une

---

16 C. com., art. R. 223-20 ; cf. Cass. com., 19 juin 2019, n° 17-27.610.

17 C. com., art. R. 223-22.

18 Application de C. com., art. L. 223-30, al. 2.

date postérieure de deux mois, au plus, à celle à laquelle elle avait été convoquée ;

— de nouvelles conditions de majorité : dans l'un ou l'autre de ces deux cas, les modifications sont décidées à la majorité des deux tiers des parts détenues par les associés présents ou représentés.

Les statuts peuvent prévoir des quorums ou une majorité plus élevés, sans pouvoir, pour cette dernière, exiger l'unanimité des associés.

3.Procès-verbal

La délibération de l'assemblée des associés est constatée par un procès-verbal qui indique la date et le lieu de réunion, les nom, prénoms et qualité du président ; les nom, prénoms des associés présents, réputés présents ou représentés, avec l'indication du nombre de parts sociales détenues par chacun ; les documents et rapports soumis à l'assemblée, un résumé des débats, le texte des résolutions mises aux voix et le résultat des votes.

4.Publicité

Pour assurer l'information des tiers, le Code de commerce prévoit que la décision d'augmentation du capital doit faire l'objet de quatre mesures de publicité.

- Insertion dans un journal d'annonces légales

Une insertion dans un journal habilité à recevoir les annonces légales dans le département du siège social est obligatoire[19]. Cet avis doit contenir : raison sociale ou dénomination sociale suivie, le cas échéant, de son sigle ; forme de la société ; montant du capital social ; adresse du siège social ; numéro unique d'identification de l'entreprise et mention RCS suivie du nom de la ville où se trouve le greffe où elle est immatriculée ; et, enfin, l'indication des

[19] C. com., art. R. 210-9, al. 1.

modifications intervenues, à savoir l'ancienne mention à côté de la nouvelle.

• Dépôt au greffe du tribunal de commerce

Un exemplaire du procès-verbal des délibérations des associés et des statuts mis à jour doit être déposé au greffe dans le délai d'un mois à compter de leur date[20].

• Insertion d'un avis modificatif au Bodacc

Un avis modificatif est inséré au *Bulletin officiel des annonces civiles et commerciales*. Il contient : références de l'immatriculation, raison sociale ou dénomination suivie, le cas échéant, de son sigle, forme juridique et indication des modifications intervenues.

• Inscription modificative au Registre du commerce et des sociétés

La société dont le capital vient d'être augmenté doit demander à ce qu'il soit procédé à une inscription modificative dans le mois de l'augmentation de capital[21].

La demande doit être présentée au greffe du tribunal compétent et accompagnée des actes et pièces justificatifs. Elle doit être signée par la personne tenue à l'immatriculation ou par son mandataire qui devra justifier de son identité et, en ce qui concerne le mandataire, d'une procuration signée de la personne tenue à l'immatriculation.

b. Concernant les sociétés anonymes

1. Rapport du conseil d'administration ou du directoire

Le rapport doit comporter[22] toutes indications utiles sur :

— les motifs de l'augmentation du capital proposée ;

---

[20] C. com., art. R. 123-105.

[21] C. com., art. R. 123-66.

[22] C. com., art. L. 225-129.

— la marche des affaires sociales depuis le début de l'exercice en cours et, si l'assemblée générale ordinaire appelée à statuer sur les comptes n'a pas encore été tenue, durant l'exercice précédent.

Le cas échéant, le conseil d'administration ou le directoire doit indiquer le montant maximal de l'augmentation de capital[23].

2. Avis du comité d'entreprise

À l'occasion de l'adoption de certaines opérations, le comité doit être informé et consulté[24]. L'augmentation de capital fait partie de ces opérations lorsqu'elle recouvre la nature de l'une de celles visées par le Code du travail, à savoir :

« *Les questions intéressant l'organisation, la gestion et la marche générale de l'entreprise et, notamment,* [...] *les mesures de nature à affecter le volume ou la structure des effectifs, la durée du travail, les conditions d'emploi, de travail et de formation professionnelle* ».

L'article L. 2323-19 vise les modifications de l'organisation économique et juridique de l'entreprise : fusion, cession, modification importante des structures de production, acquisition ou cession de filiales.

Enfin, l'employeur est également tenu d'informer le comité d'entreprise, lorsqu'il prend une participation dans une société et l'informe d'une prise de participation dont son entreprise est l'objet lorsqu'il en a connaissance.

---

23 C. com., art. R. 225-113.

24 C. trav. art. L. 2323-6.

B/ Conditions préalables à la levée de fonds par augmentation de capital

Avant la mise en œuvre d'une augmentation de capital, le porteur de projet qui souhaite réaliser une telle levée de fonds doit respecter des conditions préalables, qui tiennent aux associés, salariés, mais aussi à la libération du capital initial.

1. Les conditions tenant aux associés

a. Les salariés

Lors de toute décision d'augmentation du capital par apport en numéraire, l'assemblée générale extraordinaire doit se prononcer sur un projet de résolution d'augmentation de capital réservée aux salariés adhérant à un plan d'épargne entreprise (PEE) si la société a des salariés[25].

En cas de délégation par l'assemblée générale extraordinaire de sa compétence pour réaliser l'augmentation de capital[26] , c'est au moment de cette délégation que l'assemblée doit se prononcer sur un tel projet de résolution ; elle n'a donc pas à le faire ultérieurement.

L'obligation est posée à peine de nullité de plein droit de l'augmentation de capital[27], même si cette nullité se prescrit par trois mois à compter de la date de l'assemblée générale qui suit la décision d'augmentation du capital[28] et peut être couverte jusqu'à ce que le juge ait statué sur le fond en première instance, ce dernier pouvant d'ailleurs accorder un délai de régularisation.

---

25 C. com., art. L. 225-129-6, al. 1.

26 C. com., art. L. 225-129-2.

27 C. com., art. L. 225-149-3, al. 3.

28 C. com., art. L. 235-9, al. 3.

La décision de l'assemblée d'augmenter le capital social ou de déléguer sa compétence au conseil d'administration ou au directoire fait courir un délai de cinq ans durant lequel l'augmentation de capital doit être réalisée[29].

Cependant, ce délai[30] ne s'applique pas aux augmentations de capital à réaliser à la suite de l'exercice d'un droit attaché à une valeur mobilière donnant accès au capitaln ou à la suite des levées d'options de souscriptions d'actions. En cas de délégation de compétence par l'assemblée générale extraordinaire, la décision du conseil d'administration (ou du directoire) doit être prise dans les 26 mois de la délégation, la réalisation de l'augmentation de capital pouvant intervenir dans les cinq ans suivant cette délégation.

b. Pour l'agrément d'un nouvel associé

L'ouverture du capital à des investisseurs se heurte immédiatement au mécanisme de protection des associés ou actionnaires initiaux contre l'entrée au capital de tiers. Ces mécanismes limitent, sinon retardent, l'entrée au capital de tiers. La levée de ces protections nécessite une décision des associés réunis en assemblée.

- La gestion du droit préférentiel de souscription

Ce droit permet à l'associé de participer à l'augmentation de capital à hauteur de sa participation dans le capital social.

Prévu dans le Code de commerce pour les sociétés par actions, le droit préférentiel de souscription peut résulter, dans une SARL, d'une stipulation des statuts ou d'une décision collective des associés au moment du vote de l'augmentation de capital.

---

29 C. com., art. L. 225-129, al. 2.

30 C. com., art. L. 225-177.

L'associé qui ne souhaite pas participer à l'augmentation de capital peut céder son droit de souscription pour compenser la perte de valeur de sa part ancienne.

Pour permettre l'entrée de nouveaux associés dans le capital, les associés sont parfois amenés à renoncer à l'exercice de leur droit.

- La gestion de la clause d'agrément

En principe, l'entrée au capital d'un nouvel associé peut être subordonnée à l'agrément de la majorité des associés.

On sait que dans toutes les sociétés, les cessions d'actions ou de parts sociales sont généralement soumises à agrément, en vertu de la loi (agrément légal), ou des statuts (agrément statutaire). Cet agrément est destiné à renforcer l'*intuitus personae* au sein de la société, en permettant un contrôle des entrées de nouveaux associés, voire des transferts de participation entre associés.

L'agrément permet ainsi de contrôler la répartition du capital, et donc du pouvoir dans la société.

La question se pose de savoir si la souscription de parts sociales ou d'actions est, ou non, susceptible d'entrer dans le domaine de l'agrément. Elle ne se pose pour les agréments statutaires que lorsque la clause d'agrément est sur ce point silencieuse, et c'est généralement le cas.

En matière de sociétés par actions, la question se reporte sur les cessions de droits préférentiels de souscription (DPS). En effet, un actionnaire bénéficiant d'un droit préférentiel de souscription n'a pas à être agréé pour les exercer, sauf à neutraliser l'exercice de droit préférentiel de souscription.

En revanche, lorsque les droits préférentiels de souscription sont cédés, le risque est de voir un tiers indésirable entrer dans le capital, ou un actionnaire en place profiter de l'occasion pour accroître sa participation et son pouvoir dans la société. Il serait donc de bonne logique d'étendre aux cessions de DPS l'agrément statutaire qui éventuellement vise les cessions d'actions.

En l'absence de DPS, et dans les autres sociétés en général, le silence de la loi ou des statuts rend délicate l'extension aux souscriptions induite par l'augmentation de capital de l'agrément. En effet, les dispositions légales ne visent que les cessions, ce qui exclut la souscription. C'est ainsi que certains auteurs sont d'avis qu'en cas d'augmentation de capital, la procédure prévue pour l'agrément d'acquéreurs n'est pas applicable, puisqu'il s'agit de créer de nouvelles parts.

Néanmoins, cette analyse littérale heurte totalement l'esprit de la loi. C'est pourquoi, en pratique, il convient de prévoir une clause d'agrément dans les statuts mêmes, en cas d'augmentation de capital, afin de protéger l'*intuitu personae* de la société. L'analyse contraire conduit à une aberration : contrôler les cessions alors que la liberté serait la règle en cas d'acquisition de droits sociaux *ab initio* par la souscription à une augmentation de capital.

2. Les conditions tenant au capital

Le capital doit avoir été libéré et vérifié.

a. Libération intégrale du capital

Le capital doit être intégralement libéré avant toute émission d'actions nouvelles à libérer en numéraire[31]. Le texte ne vise que l'augmentation de capital par émission d'actions nouvelles. On doit en déduire, même si la solution n'est pas forcément justifiée, que la même condition préalable n'est pas exigée en cas d'augmentation par hausse du nominal des actions.

---

31 C. com., art. L. 225-131, al. 1.

La libération intégrale du capital suppose un versement effectif de fonds, ce sur le compte de capital social. L'attestation de la Banque ou de la Caisse des dépôts est ici primordiale pour lever toute ambiguïté sur la qualification du versement.

Cette condition est la conséquence du principe d'intangibilité du capital. Ainsi, il est logique que le besoin de fond de la société soit assumé en priorité par les associés initiaux qui n'ont pas encore totalement libéré les fonds correspondant à leur participation. Ce préalable doit donc être rempli avant une nouvelle levée de fonds.

Pour les SARL, sous peine de nullité de l'opération, une souscription de nouvelles parts sociales à libérer en numéraire ne peut être réalisée que si le capital ancien est intégralement libéré[32].

Pour les sociétés par actions : « *Le capital doit être intégralement libéré avant toute émission d'actions nouvelles à libérer en numéraire* »[33].

Cette condition, qui ne concerne que les augmentations du capital en numéraire, n'est expressément posée par la loi que pour les sociétés anonymes et SARL. Cependant, même en l'absence de texte, elle devrait s'appliquer à toutes les sociétés.

L'émission de nouvelles actions à libérer en numéraire, alors que le capital préexistant n'est pas intégralement libéré, est sanctionnée de diverses manières.

En premier lieu, la nullité de l'augmentation du capital est encourue[34], la prescription étant de trois mois à compter de la date de l'assemblée générale suivant la décision d'augmentation de capital.

---

32 C. com., art. L. 223-7, al. 1.

33 C. com., art. L.225-131, al. 1.

34 C. com., art. L. 225-149-3, al. 3.

En deuxième lieu, « les membres des organes de gestion, d'administration, de direction, de surveillance et de contrôle » sont solidairement responsables du préjudice causé aux tiers ou aux actionnaires, du fait de la modification irrégulière des statuts et donc de l'augmentation du capital[35].

En troisième lieu, enfin, une amende de 9 000 euros et un emprisonnement d'un an[36] sont encourus par certains dirigeants.

b. Vérification de l'actif et du passif en cas d'augmentation du capital par offre au public

« L'augmentation du capital par offre au public, réalisée moins de deux ans après la constitution d'une société, doit être précédée d'une vérification de l'actif et du passif, ainsi que, le cas échéant, des avantages particuliers consentis »[37].

Il suffit que la vérification de la situation financière ait lieu. Ainsi l'augmentation du capital pourra-t-elle être décidée, même s'il est établi que l'actif ne correspond pas au passif.

Cette exigence légale vise à empêcher qu'une société, constituée sous forme simplifiée, c'est-à-dire sans avoir eu recours à l'offre au public, procède rapidement à une augmentation de son capital en faisant offre au public, détournant ainsi la loi qui soumet ces sociétés à des conditions de constitution plus strictes.

La vérification des avantages particuliers (comme celle des apports en nature) doit alors être recommencée[38].

L'inobservance de la procédure de contrôle entraîne la nullité de l'augmentation du capital[39]. Par ailleurs, la

---

35 C. com., art. L. 210-8.

36 C. com., art. L. 242-17, I et II.

37 C. com., art. L. 225-131, al. 2.

38 C. com., art. L. 225-8.

39 C. com., art. L. 225-149-3, al. 3 : délai de trois mois pour agir.

violation de ces prescriptions implique la responsabilité des dirigeants de la société.

II– La problématique externe : les levées de fonds assimilées à des offres au public de titres financiers

Le Règlement Prospectus 2017/1129/UE, applicable depuis le 21 juillet 2019, a étendu la définition de l'offre au public de titres financiers.

Les placements privés (offres de titres financiers à des investisseurs qualifiés ou à moins de 150 personnes par exemple) sont désormais considérés comme des offres au public.

Dans la logique de cette évolution de la réglementation, la définition de l'offre public s'est certes élargie, seules les personnes strictement autorisées peuvent procéder à cette offre (A). Mais, en contrepartie, l'obligation d'information des investisseurs a été modulée en fonction de la nature de l'offre et de ses destinataires (B).

A/ L'offre au public de titres financiers ou de parts sociales par des personnes obligatoirement autorisées

En principe, il est interdit aux personnes ou entités n'y étant pas autorisées par la loi de procéder à une offre au public[40] de titres financiers ou de parts sociales, à peine de nullité des contrats conclus ou des titres ou parts sociales émis. Il leur est interdit, à peine des mêmes nullités, d'émettre des titres négociables[41].

---

40 L'article L. 411-1 al. 1 renvoi expressément à la définition posée par le règlement (UE) n° 2017/1129 du 14 juin 2017, art. 2 d.

41 C. mon. fin. art. L. 411-1 al. 1.

1 Opérations constitutives d'une offre au public de titres financiers ou de parts sociales

D'abord, l'offre au public vise les titres et les valeurs. Elle ne se limite pas aux seuls titres financiers.

Les titres financiers sont des titres de capital émis par les sociétés par actions, lesquels comprennent notamment actions et autres titres donnant, ou pouvant donner, accès au capital ou aux droits de vote.

L'offre peut porter notamment sur les titres suivants :

1. titres financiers ;

2. parts sociales ;

3. valeurs mobilières, au sens de l'article 4, 1-44 de la directive 2014/65/UE du 15 mai 2014, à savoir les catégories de titres négociables sur le marché des capitaux ; parts sociales de sociétés coopératives constituées sous la forme d'une SA et relevant de l'article 11 de la loi 47-1775 du 10 septembre 1947 (modifié par loi 2019486 du 22-5-2019) portant statut de la coopération.

Ensuite, les opérations constitutives d'une offre au public visent deux catégories d'opérations qui font écho au *crowdfunding*.

D'une part, une communication adressée sous quelque forme et par quelque moyen que ce soit à des personnes et présentant une information suffisante sur les conditions de l'offre et sur les titres à offrir, de manière à mettre un investisseur en mesure de décider d'acheter ou de souscrire ces titres financiers.

D'autre part, un placement de titres financiers par des intermédiaires financiers.

a. Communication adressée sous quelque forme et par quelque moyen que ce soit à des personnes et présentant une information suffisante sur les conditions de l'offre et sur les titres à offrir, de manière à mettre un investisseur en mesure de décider d'acheter ou de souscrire ces titres financiers

1. Forme et moyen de communication

Sont ainsi concernées toutes les formes de communication : orale, écrite, visuelle. De même, tous les médias – journaux, brochures, affiches, Internet, mailing, radio – sont inclus dans la définition.

- Recours à la publicité

Le recours à la publicité consiste à mettre un investisseur en mesure de décider d'acheter ou de souscrire des titres financiers par un procédé de publicité quelconque, écrit, oral ou visuel.

- Recours au démarchage

La notion de démarchage est incluse dans la définition de l'offre au public, au sens large, et non plus seulement tel que le définit le Code monétaire et financier[42] :

Constitue un acte de démarchage bancaire ou financier toute prise de contact non sollicitée, par quelque moyen que ce soit, avec une personne physique ou une personne morale déterminée, en vue d'obtenir, de sa part, un accord sur la fourniture par un conseiller en investissement participatif de la prestation de conseil en investissement participatif (issu de l'Ordonnance n° 2014-559 du 30 mai 2014 art. 2)[43].

Cette approche extensive doit cependant être nuancée, au regard du critère restrictif de finalité qui caractérise l'offre au public.

---

42 C. mon. fin., art. 341-1.

43 C. mon. fin., art. 341-1, 7°.

- Cas particulier d'Internet

La question du *crowdfunding* est consubstantielle à Internet. L'enjeu est alors de s'interroger sur les critères qui qualifient un site d'offre de produits ou de services sur le territoire français. En effet, un site Internet peut être consulté par tout investisseur depuis son lieu de résidence.

Les différents indices de rattachement sont les suivants :

— la nature et la quantité des informations données par le site sont notamment prises en compte pour déterminer s'il y a offre dans un État. Par application du droit des contrats, un site comportant les informations nécessaires à la décision d'achat d'un produit ou d'un service par un investisseur – tels que le nom de l'émetteur ou du dépositaire, la performance ou le rendement du produit ou du service – constituerait une offre ;

— le caractère actif (utilisation de mailing électronique ou de *push media*) est un élément déterminant pour établir l'existence d'un démarchage. Par opposition, un site passif qui se bornerait à diffuser des informations à l'attention de clients qui connaissent l'adresse dudit site, ne permettrait pas de considérer qu'il y a offre de produits ou de services ;

— la facilité plus ou moins grande d'accès au site et aux transactions est également un élément significatif pour évaluer s'il y a offre ou non sur un territoire donné. Ainsi, une offre peut résulter de la mise à disposition de moyens simples de souscription aux investisseurs (souscription électronique), (les plateformes sont particulièrement concernées) de l'inexistence de barrières d'accès ou de la destination d'un site, par le biais d'un mot de passe, à des utilisateurs autres que les investisseurs professionnels ou avertis.

L'ensemble de ces indices combinés devrait permettre de déterminer si le site Internet constitue une offre, ou non, sur le territoire d'un État. À l'évidence, ces critères sont pertinents en matière de *crowdfunding*.

2. Information suffisante sur les conditions de l'offre et sur les titres à offrir, de manière à mettre un investisseur en mesure de décider d'acheter ou de souscrire ces titres financiers

L'offre au public revient à la sollicitation d'investisseurs afin de les inciter à souscrire (placement primaire) ou acheter (placement secondaire) des valeurs mobilières, soit directement par l'émetteur ou le cédant.

Encore faut-il que la communication présente une *« information suffisante sur les conditions de l'offre et sur les titres à offrir »*, afin de convaincre l'investisseur de souscrire. En conséquence, l'offre doit être suffisamment précise et complète, ce qui rapprocherait la notion d'offre au public de celle d'offre en droit civil. Autrement dit, en cas de simple information, d'omission d'un élément essentiel du contrat (tel le prix) ou d'une acceptation conditionnelle de l'offre par les investisseurs, l'offre au public ne peut pas être caractérisée.

En matière de *crowdfunding*, les porteurs de projet seraient particulièrement avisés de réserver leur acceptation au moins à la souscription d'un seuil minimum. À cet égard, l'offre doit fournir à l'investisseur la possibilité concrète d'acheter ou de souscrire les valeurs mobilières et indiquer qu'une offre d'actions gratuites ne constitue pas une offre au public, accentuant par là même la nécessaire indication du prix.

Le critère de finalité (à savoir le fait de convaincre un investisseur de souscrire) est donc le critère prépondérant dans la définition de l'offre au public.

Pour autant, les plateformes de *crowdfunding* ne fournissent pas nécessairement une information suffisante pour caractériser une offre publique. En effet, l'émetteur qui se limite à diffuser la seule information imposée par le droit des sociétés ne procède pas à une offre au public.

Il faut distinguer l'information de la communication ayant pour finalité l'achat ou la souscription à un titre financier.

En résumé, l'offre au public n'est pas constituée en cas :

— d'envoi de publicité à ses propres actionnaires (suivi de projet assuré par les plateformes) ;

— de publicité légale[44] ;

— de publicité n'ayant pas pour objet la vente.

En définitive, les informations fournies par les plateformes constituent des offres publiques, dans la mesure où l'objet de l'offre et ses modalités sont précisément définies.

3. Auteur et destinataire de l'offre au public

La définition n'apporte aucune précision concernant l'auteur de l'offre. Ce dernier, l'émetteur sans conteste, peut être également un actionnaire de l'émetteur.

L'article L. 411-1, 1° précise que la communication doit être adressée à des *personnes*, sans autre précision.

La notion de *personnes* ne peut se déduire qu'*a contrario* de la définition applicable au placement privé. Ainsi, constitue une offre au public l'offre qui n'est adressée ni à des investisseurs qualifiés, ni à un cercle restreint d'investisseurs.

b. Placement de titres financiers par des intermédiaires financiers. Le rôle des plateformes

Cette deuxième opération d'offre au public fait référence à la notion d'intermédiaire financier, ce qui est surprenant. En effet, cette notion est inconnue en droit français, où seule la notion de prestataire de services d'investissement est définie[45]. En réalité, la notion d'intermédiaire financier fait

---

44 C. com., art. R. 225-1.

45 L'article L. 531-1 du Code monétaire et financier définit les prestataires de services d'investissement comme les entreprises d'investissement ayant reçu un agrément pour fournir des services d'investissement (cf. *infra*).

écho à la notion de banque ou à des prestataires de services d'investissement, dont les intermédiaires en financement participatif.

Le placement[46] constitue un service d'investissement, garanti ou non, impliquant la recherche de souscripteurs ou des acquéreurs pour le compte d'un émetteur ou d'un cédant d'instruments financiers[47]. La souscription de parts sociales ou d'actions dans le cadre d'une augmentation de capital constitue donc un placement.

2. Les offres au public autorisées

L'offre au public n'est possible que dans les deux cas distincts suivants[48].

a. Les offres spécialement autorisées par la loi

La *société par actions simplifiée* ne peut certes pas procéder à une offre au public de titres financiers ou à l'admission aux négociations sur un marché réglementé de ses actions. Mais elle peut procéder aux offres qui suivent[49].

— L'offre portant sur les valeurs mobilières offertes, attribuées ou devant être attribuées aux administrateurs ou salariés anciens ou existants, par leur employeur[50].

— L'offre de titres financiers ou de parts sociales, qui s'adresse exclusivement à un cercle restreint d'investisseurs

---

46 C. mon. fin., art. L. 321-1 du Code monétaire et financier.

47 C. mon. fin., art. D. 321-1, 6-2 et 7., 1191.

48 C. mon. fin. art. L. 411-1.

49 C. mon. art. L. 227-2, C. com, modifié par l'Ordonnance n° 2019-1067 du 21 octobre 2019 art. 2.

50 Au point i du paragraphe 4 de l'article 1er du règlement (UE) n° 2017/1129 du 14 juin 2017.

agissant pour compte propre ou à des investisseurs qualifiés[51].

— L'offre au public dont les bénéficiaires acquièrent les titres financiers ou les parts sociales pour un montant total, par investisseur et par offre distincte, supérieur à 100 000 €[52]. L'offre au public dont la valeur nominale de chacun des titres financiers ou parts sociales est supérieure à 100 000 €[53].

Une *société à responsabilité limitée*[54] peut émettre des obligations nominatives, à condition qu'elle ne procède pas à une offre au public de ces obligations ou qu'elle procède à une offre de titres financiers ou de parts sociales qui s'adresse exclusivement à un cercle restreint d'investisseurs agissant pour compte propre ou à des investisseurs qualifiés[55].

La société doit avoir désigné un commissaire aux comptes, dont les comptes des trois derniers exercices de douze mois doivent avoir été régulièrement approuvés par les associés.

S'agissant d'une *société anonyme*, l'émission de titres de capital sans droit préférentiel de souscription par une offre au public est soumise aux conditions suivantes[56].

Pour les sociétés dont les titres de capital ne sont pas admis aux négociations sur un marché réglementé, le prix d'émission ou les conditions de fixation de ce prix sont déterminés par l'assemblée générale extraordinaire, sur rapport du conseil d'administration ou du directoire et sur rapport spécial du commissaire aux comptes de la société.

---

51 C. mon. fin., art. L. 411-2.

52 C. mon. fin., art. L. 411-2-1, 2°; Art. D. 411-2-1.-I, II.

53 C. mon. fin., art. L. 411-2-1, 3° ; C. mon. fin., art. D. 411-2-1.-I, III.

54 C. mon. fin., art. L233-11, C. com, modifié par l'Ordonnance n°20191067 du 21 octobre 2019, art. 2.

55 Mentionnée au 1° de l'article L. 411-2 du Code monétaire et financier.

56 C. mon. fin., art. L. 225-136, C. com, modifié par Ordonnance n°20191067 du 21 octobre 2019, art. 2.

L'émission de titres de capital réalisée par une offre de titres financiers ou de parts sociales, qui s'adresse exclusivement à un cercle restreint d'investisseurs agissant pour compte propre ou à des investisseurs qualifiés, est limitée à 20 % du capital social par an.

Une société anonyme peut, néanmoins, réaliser une offre au public portant sur un financement participatif qui est proposé par l'intermédiaire d'un prestataire de services d'investissement ou d'un conseiller en investissements participatifs au moyen d'un site internet[57], pourvu que le montant total soit inférieur à 8 000 000 € sur une période de douze mois[58].

Enfin, une société anonyme peut réaliser des offres au public de titres financiers ou de parts sociales répondant aux conditions suivantes[59].

1° L'offre au public inférieure à 8 000 000 €. Le montant total de l'offre est calculé sur une période de douze mois[60].

2° L'offre au public dont les bénéficiaires acquièrent les titres financiers ou les parts sociales pour un montant total, par investisseur et par offre distincte, supérieur à 100 000 €[61].

3° L'offre au public dont la valeur nominale de chacun des titres financiers ou parts sociales est supérieure à 100 000 €[62].

b. Les offres visant des investisseurs spécifiques

1 Offres s'adressant exclusivement à des investisseurs qualifiés ou à un cercle restreint d'investisseurs agissant pour compte propre

---

57 C. mon. fin., art. L. 411-2, 2°.

58 C. mon. fin., art. D. 411-2-1.-I, IV.

59 C. mon. fin., art. L. 411-2-1 et Art. D. 411-2-1.

60 C. mon. fin., art. D. 411-2-1.-I, IV.

61 C. mon. fin., art. D. 411-2-1.-I, II.

62 C. mon. fin., art. D. 411-2-1.-I, III.

Le placement privé est le fait de procéder à une offre de titres financiers auprès de catégories d'investisseurs limitativement énumérés, agissant pour leur propre compte et ce, sans être soumis à l'obligation d'établir un prospectus soumis au visa de l'Autorité des marchés financiers[63].

Le placement privé résulte d'une approche qualitative : la notion vise une catégorie particulière d'investisseurs qui ne requièrent pas le même degré d'information et de protection qu'un investisseur ordinaire.

α. Conditions du placement privé

Le placement privé s'articule autour de deux axes : les investisseurs qualifiés et le cercle restreint d'investisseurs.

1. Investisseurs qualifiés

L'investisseur qualifié est *« une personne ou une entité disposant des compétences et des moyens nécessaires pour appréhender les risques inhérents aux opérations sur instruments financiers. »*[64]

On distingue deux catégories. La première regroupe les investisseurs qualifiés « de plein droit », qui n'ont besoin d'accomplir aucune formalité pour devenir qualifiés. Il s'agit notamment des banques[65].

Ont la qualité d'investisseurs qualifiés lorsqu'ils agissent pour compte propre[181] les clients professionnels, c'est-à-dire qui possèdent expérience, connaissances et compétence pour prendre leurs propres décisions d'investissement et évaluer correctement les risques encourus[66].

Ont la même qualité les entités remplissant, au moins, deux des trois critères suivants :

---

63 C. mon. fin., art. L. 411-2, 1°.

64 Règlement (UE) n° 2017/1129 du 14 juin 2017, art. 2 e.

65 C. mon. fin., art. D. 411-1, I. 181. *Ibid.*

66 C. mon. fin., art. L. 533-16.

— effectifs annuels moyens supérieurs à 250 personnes ;

— total du bilan supérieur à 43 millions d'euros ;

— chiffre d'affaires ou montant des recettes supérieur à 50 millions d'euros.

Ces critères sont appréciés au vu des derniers comptes consolidés ou, à défaut, des comptes sociaux tels qu'ils sont publiés, et, le cas échéant, certifiés par les commissaires aux comptes.

La deuxième catégorie – celle des investisseurs qualifiés sur option – peut bénéficier du statut d'investisseur qualifié sur demande, en s'inscrivant comme tel dans un fichier prévu à cet effet par l'AMF[67].

Les investisseurs qualifiés sur option concernent les petites et moyennes entreprises remplissant au moins deux des trois critères suivants :

— « effectifs annuels moyens inférieurs à 250 personnes ;

— total du bilan inférieur à 43 millions d'euros ;

— chiffre d'affaires ou montant des recettes inférieur à 50 millions d'euros ».

Il s'agit également de personnes physiques remplissant au moins deux des trois critères suivants :

— « la détention d'un portefeuille d'instruments financiers d'une valeur supérieure à 500 000 € ;

— la réalisation d'opérations d'un montant supérieur à 600 € par opération sur des instruments financiers, à raison d'au moins dix par trimestre en moyenne sur les quatre trimestres précédents ;

— l'occupation pendant au moins un an, dans le secteur financier, d'une position professionnelle exigeant une

[67] C. mon. fin., art. D. 411-1, II et D. 411-3.

connaissance de l'investissement en instruments financiers. »

Il est important de noter qu'une offre de titres financiers s'adressant à des investisseurs qualifiés reste un placement privé, quel que soit le nombre d'investisseurs qualifiés concernés.

2. Cercle restreint d'investisseurs

Un cercle restreint d'investisseurs est composé de personnes, autres que des investisseurs qualifiés, dont le nombre est inférieur à 150[68].

Ainsi, une offre à 149 personnes qui ne sont pas des investisseurs qualifiés est un placement privé, alors qu'une offre à 150 personnes est une offre au public. Peu importe que le nombre d'investisseurs soit finalement inférieur à 150. Si ceux à qui il a été offert des titres sont plus de 150 et qu'aucun d'entre eux n'est un investisseur qualifié, alors l'offre devient une offre au public et non un placement privé et ce, quand bien même les titres ainsi offerts ne sont finalement placés qu'auprès de 149 investisseurs, voire 151 dont deux investisseurs qualifiés.

Ce seuil de 150 personnes semble désormais constituer une présomption irréfragable et mécanique : dès lors que le seuil de 150 personnes est franchi, le régime d'offre au public s'applique.

C'est pourquoi les plateformes peuvent d'emblée prévoir que l'offre d'un porteur de projet ne s'adresse qu'à 149 investisseurs. Au-delà elle est caduque.

β. Conditions communes : acquisition pour compte propre

Les investisseurs doivent agir pour compte propre. Le législateur a imposé cette condition, afin d'éviter tout détournement des règles de l'offre au public.

La négociation pour compte propre désigne l'activité d'une personne qui achète et vend des instruments financiers pour son propre compte et se rémunère sur la plus-value de ses transactions.

Les investisseurs qualifiés, de droit ou sur option, peuvent autoriser leurs gestionnaires de portefeuilles ou autres

---

[68] *Ibid.*

intermédiaires financiers considérés comme des investisseurs qualifiés de droit, à agir en leur nom. Cette possibilité n'est toutefois pas prévue pour les investisseurs du cercle restreint.

Aucune durée n'a été fixée pour la détention des instruments financiers acquis pour compte propre dans le cadre d'un placement privé.

Dorénavant, lorsqu'un émetteur ou un intermédiaire fait un placement privé, il n'a certes pas à établir un prospectus visé par l'AMF, mais il doit communiquer certaines informations aux investisseurs, relatives au fait que l'opération est effectuée en dehors du champ de l'offre au public et prévues à l'article 211-3 du règlement général de l'AMF.

2 *Offres réalisées dans le cadre du financement participatif*

Le législateur exclut de la qualification d'offre au public les opérations remplissant trois critères cumulatifs[69] :

1° Qui portent sur des titres de capital émis par les sociétés par actions ou sur des titres de créance[70] qui ne sont pas admis aux négociations sur un marché réglementé ou un système multilatéral de négociation ;

2° Qui sont proposées par l'intermédiaire d'un prestataire de services d'investissement ou d'un conseiller en investissements participatifs au moyen d'un site internet répondant aux caractéristiques fixées par le règlement général de l'Autorité des marchés financiers.

3° Et dont le montant total est inférieur à 8 000 000 €[187].

---

[69] C. mon. fin., art. 411-2, 2°.

[70] C. mon. fin., art. 211-1 II, 1,2.

Le montant total de l'offre est calculé sur une période de douze mois, dans des conditions fixées par le règlement général de l'Autorité des marchés financiers.

La société qui procède à l'offre ne peut se prévaloir de la possibilité de ne pas rendre publics leurs comptes sociaux annuels[71]. Lorsque la société qui procède à l'offre a pour objet de détenir et de gérer des participations dans une autre société, la société dans laquelle elle détient des participations ne peut pas se prévaloir de cette même disposition.

B/ L'assouplissement des obligations d'information

En principe, l'offre au public de titres financiers ou sociaux génère une obligation de publication d'un prospectus d'information des investisseurs[72].

1. La dispense d'émission d'un prospectus

Le règlement « Prospectus 3 » n° 2017/1129/UE (art. 1er) et le règlement général de l'AMF prévoient des cas de dispense d'établissement de prospectus.

La dispense de prospectus n'exonère toutefois pas l'émetteur de fournir, dans certains cas, des informations sur l'opération envisagée.

Le prospectus n'est pas obligatoire dès lors que le montant total de l'offre en France et dans l'Union est inférieur à 8 000 000 € sur 12 mois glissants.

Il en est de même lorsque l'offre est adressée à des investisseurs qui acquièrent les titres financiers pour un

---

71 C. mon. fin., art. D. 411-2 IV. 188 C. com. art. L. 232-25.

72 Articles 212-38-1 à 212-38-15 du règlement général de l'AMF conformes au règlement UE/2017/1129 relatif notamment aux formalités de dépôt, à l'instruction et à l'approbation du projet de prospectus par l'AMF, ainsi qu'au contenu, à la publication et à la durée de validité du prospectus approuvé par l'AMF.

montant total d'au moins 100 000 € ou dont la valeur nominale des titres financiers s'élève au moins à 100 000 €.

Les offres destinées aux investisseurs qualifiés et aux cercles restreints d'investisseurs et les offres émises dans le cadre du financement participatif[73].

2. L'obligation d'établir un document d'information synthétique

Certaines opérations dispensées de prospectus doivent néanmoins donner lieu à la publication de certaines informations.

a. Offre au public de titres non cotés, pour un montant inférieur à 8 millions d'€ sans demande de cotation

L'émetteur doit produire un document d'information synthétique (DIS) déposé à l'AMF mais non revu, préalablement à la réalisation de l'offre[74]. Son contenu est détaillé par le règlement général de l'AMF[75]. Plus allégé que le prospectus, le DIS doit notamment contenir une description de l'entreprise, de son activité, de ses états financiers, de ses principaux facteurs de risque.

b. Offre au public de titres non cotés, réalisée dans le cadre du financement participatif pour un montant inférieur à 8 millions d'€

L'émetteur doit établir un document d'information réglementaire synthétique (DIRS) dont le contenu, précisé par le règlement général de l'AMF[76], se compose de trois parties :

---

[73] C. mon. fin. art. L. 411-2.

[74] Règl. gén. AMF, art. 212-44.

[75] Règl. Gén. AMF, art. 212-43 à 212-47 et instruction AMF n° 2018-07.

[76] Règl. gén. AMF art. 217-1 et l'instruction n° 2014-12 de l'AMF relative aux informations à fournir aux investisseurs par l'émetteur et le conseiller en investissements participatifs ou le prestataire de services d'investissement.

— présentation de l'émetteur et du projet,

— informations par le prestataire qui gère le site internet : modalités de souscription et frais,

— informations réglementaires relatives à la revente ultérieure des titres financiers offerts à la souscription.

SECTION 2 :
Situation de la plateforme.
Le conseiller en investissements participatifs

Les plateformes fournissent des services d'investissement en proposant des placements à capital non garanti et en tant qu'intermédiaire pour passer des offres d'achats. À ce titre, elles doivent être agréées par l'autorité de régulation.

Les prestataires de services d'investissement sont les entreprises d'investissement et les établissements de crédit ayant reçu un agrément pour fournir des services d'investissement[77], qui portent sur les instruments financiers comme les titres de capital[78] émis par les sociétés par actions.

[77] C. mon. fin., art. L. 531-1.

[78] C. mon. fin., art. L. 211-1.

Ceux-ci comprennent les services et activités suivants[79] :

— réception et transmission d'ordres pour le compte de tiers,

— exécution d'ordres pour le compte de tiers,

— conseil en investissement,

— placement non garanti.

Le *crowdfunding* fait écho à ces opérations.

En principe, pour fournir des services d'investissement, les entreprises d'investissement doivent obtenir un agrément, lequel est délivré par l'Autorité de contrôle prudentiel et de résolution. Il n'est pas requis pour le seul exercice d'un ou plusieurs des services d'investissement.

Préalablement à la délivrance d'un agrément, les entreprises d'investissement doivent obtenir l'approbation, par l'Autorité des marchés financiers, de leur programme d'activité. En matière de *crowdfunding*, les critères imposés aux plateformes pour obtenir l'agrément paraissent disproportionnés par rapport à la réalisation des plateformes de *crowdfunding*.

C'est pourquoi le législateur a élaboré un dispositif spécialement adapté au *crowdfunding*, par voie d'entrée au capital des porteurs de projet, tout en préservant la protection des investisseurs. Ainsi, peuvent fournir des services d'investissement, dans les limites des dispositions législatives qui, le cas échéant[80], les régissent, et sans être soumis à la procédure d'agrément, les conseillers en investissements participatifs[81].

---

79 C. mon. fin., art. L. 321-1.

80 C. mon. fin., art. L. 531-2.

81 C. mon. fin., art. L. 531-2. h.

I – Champ d'application du statut de conseiller en investissements participatifs

L'ordonnance du 30 mai 2014 définit le cadre et le fonctionnement d'un nouveau métier révélé par le *crowdfunding*, celui de conseiller en investissements participatifs.

A/ Statut de conseiller

Les conseillers en investissements participatifs sont les personnes morales exerçant, à titre de profession habituelle, une activité de conseil en investissement portant sur des offres de titres de capital et de titres de créance. Cette activité est menée au moyen d'un site internet[82].

L'activité de conseil en investissement exercée par les conseillers en investissements participatifs porte sur les offres d'actions ordinaires et d'obligations à taux fixe, à l'exclusion de tous autres titres financiers[83].

Les conseillers en investissements participatifs peuvent également fournir des conseils aux entreprises, en matière de structure de capital, stratégie industrielle, questions connexes ; fourniture de conseil et de services en matière de fusion et de rachat d'entreprises[84].

Les conseillers peuvent aussi fournir, avec une prestation de prise en charge, des bulletins de souscription.

Ils peuvent, à titre de profession habituelle, donner des consultations juridiques ou rédiger des actes sous seing privé pour autrui, dès lors qu'ils respectent les conditions posées

---

82 C. mon. fin., art. L. 547-1.

83 C. mon. fin., art. D. 547-1.

84 C. mon. fin., art. L. 547-1. al. 2 et L. 321-2-3°.

par la loi n° 71-1130 du 31 décembre 1971 portant réforme de certaines professions judiciaires et juridiques.

Ils doivent justifier d'un diplôme juridique. Les personnes exerçant une activité professionnelle non réglementée pour laquelle elles justifient d'une qualification reconnue peuvent, dans les limites de cette qualification, donner des consultations juridiques relevant directement de leur activité principale. Elles peuvent aussi rédiger des actes sous seing privé qui constituent l'accessoire nécessaire de cette activité[85] comme un contrat.

Ils doivent respecter une condition d'honorabilité[86].

Les conseillers en investissements participatifs ne peuvent pas exercer d'autres activités. Ils peuvent toutefois être intermédiaires en financement participatif, à la condition de ne pas fournir de services de paiement.

Cependant, les prestataires de services d'investissement ayant reçu un agrément peuvent fournir le service de conseil en investissement.

B/ Conditions d'accès et d'exercice

Les conseillers en investissements participatifs doivent être immatriculés[87] dans un registre unique des intermédiaires, qui est librement accessible au public (immatriculation à l'ORIAS).

Les conseillers en investissements participatifs sont des personnes morales qui doivent être établies en France[88].

---

[85] C. mon. fin., art. L. 71-1130 du 31 décembre 1971, art. 54 et 60.

[86] C. mon. fin., art. L. 71-1130 du 31 décembre 1971, art. 54.

[87] C. mon. fin., art. L. 547-2.

[88] C. mon. fin., art. L. 547-3.

Les personnes physiques ayant le pouvoir de gérer ou d'administrer les conseillers en investissements participatifs répondent à une double exigence d'âge et d'honorabilité[89]. Elles doivent en effet :

— avoir 18 ans ;

— ne faire l'objet ni d'une interdiction d'exercer à titre temporaire ou définitif une activité relevant de la compétence de l'Autorité des marchés financiers, ni d'une sanction équivalente prononcée, avant le 24 novembre 2003, par la Commission des opérations de Bourse, le Conseil des marchés financiers ou le Conseil de discipline de la gestion financière ;

— ne pas exercer des fonctions de direction d'une personne faisant l'objet d'une sanction disciplinaire en matière bancaire[90].

Les conseillers en investissements participatifs doivent justifier de compétences professionnelles.

De manière comparable au système applicable au conseiller en investissements financiers, tout conseiller en investissements participatifs doit adhérer à une association chargée du suivi de ses membres, dans les conditions fixées par le règlement général de l'Autorité des marchés financiers[91]. Elle doit avoir fait approuver, par l'Autorité des marchés financiers, les conditions de compétence et le code de bonne conduite auxquels sont soumis ses membres pour l'exercice de l'activité de conseiller en investissements participatifs.

---

89 C. mon. fin., art. D. 547-2.

90 Sanctions visées aux 3° et 7° de l'article L. 612-39 et du I de l'article L. 612-41 du C. mon. fin.

91 C. mon. fin., art. L. 547-4. Cette association est agréée par l'AMF en considération, notamment, de sa représentativité et de son aptitude à remplir ses missions dont les critères sont précisés dans le règlement général de l'AMF.

En l'absence d'agrément d'une association, l'Autorité des marchés financiers examine les compétences professionnelles des personnes physiques ayant le pouvoir de gérer ou d'administrer les conseillers en investissements participatifs, ainsi que la capacité à respecter les règles de bonne conduite et d'organisation prévues par le présent chapitre et par le règlement général de l'AMF.

Cette procédure est similaire à celle qui est applicable pour l'agrément des conseils en investissements financiers, lesquels doivent adhérer à une association agréée et être enregistrés à l'ORIAS. Ce processus implique la souscription d'une assurance couvrant les risques professionnels.

En effet, un conseiller en investissements participatifs doit être en mesure de justifier à tout moment de l'existence d'un contrat d'assurance le couvrant contre les conséquences pécuniaires de sa responsabilité civile professionnelle, en cas de manquement à ses obligations professionnelles[92].

Ces dispositions, issues de l'ordonnance n° 2014-559 du 30 mai 2014, art. 37, sont entrées en vigueur le 1er octobre 2014, et l'obligation d'être assuré, le 1er juillet 2016.

Jusqu'à cette date, les conseillers en investissements participatifs et les intermédiaires en financement participatif font savoir à leurs clients si les conséquences pécuniaires de leur responsabilité civile professionnelle, en cas de manquement à leurs obligations professionnelles, sont couvertes ou non par un contrat d'assurance.

---

92 C. mon. fin., art. L. 547-5.

II – Le fonctionnement de l'activité

La plateforme de *crowdfunding*, intervenant comme intermédiaire dans une levée de fonds par voie d'entrée au capital, devient, avec le statut de conseiller en financements participatifs, la pierre angulaire du dispositif.

La finalité de ce rôle fondamental est la protection des investisseurs. Le conseiller doit respecter des règles de fonctionnement interne contre les conflits d'intérêts.

C'est pourquoi le conseiller ne peut recevoir de titres financiers de ses clients. Il ne peut recevoir d'autres fonds que ceux destinés à rémunérer son activité[93].

Les conseillers en investissements participatifs sont soumis à certaines incapacités. S'ils ont été condamnés depuis moins de 10 ans pour des crimes ou certains délits, ils ne peuvent prétendre au statut de conseiller en financements participatifs[94].

Les conseillers en investissements participatifs doivent respecter plusieurs obligations, non seulement quant à leur fonctionnement qu'à l'égard des parties prenantes à la levée de fonds[95]:

A/ Les obligations professionnelles du conseiller

Les conseillers doivent :

1° se comporter avec loyauté et agir avec équité au mieux des intérêts de leurs clients ;

2° exercer leur activité, dans les limites autorisées par leur statut, avec la compétence, le soin et la diligence qui s'imposent au mieux des intérêts de leurs clients, afin de leur

---

93 C. mon. fin., art. L. 547-6.

94 C. mon. fin., art. L. 547-7 et L. 500-1.

95 C. mon. fin., art. L. 547-9.

conseiller plusieurs offres de titres répondant aux conditions du point I de l'article L. 547-1 sélectionnés sur la base de critères préalablement définis et publiés sur leur site internet ;

3° être dotés des ressources et procédures nécessaires pour mener à bien leurs activités et mettre en œuvre ces ressources et procédures avec un souci d'efficacité ;

4° mettre en place une politique de gestion des conflits d'intérêts.

B/ Les obligations du conseiller à l'égard des parties prenantes à la levée de fonds

Le conseiller en investissements participatifs doit protéger l'investisseur. À cette fin, il doit informer celui-ci, le conseiller, le comprendre, voire le dissuader d'investir. Dans la même logique, le conseiller doit procéder à des vérifications, voire à une forme d'audit, dans la cible.

1. Concernant les investisseurs

Au niveau des investisseurs, le conseiller est débiteur d'une obligation de conseil et d'information. Il doit informer son client des risques de pertes et d'illiquidité attachés à une prise de participation dans une petite société.

Le conseiller doit mettre en garde les clients ou clients potentiels des risques auxquels ils s'exposent, avant de leur donner accès au détail des offres sélectionnées.

Il doit s'informer, auprès de ses clients ou clients potentiels, de leurs connaissances et expérience en matière d'investissement, de leur situation financière et de leurs objectifs d'investissement, de manière à s'assurer que l'offre proposée est adaptée. Lorsque les clients ou clients potentiels ne communiquent pas les informations requises, l'offre ne peut pas être considérée comme adaptée.

La loi induit une obligation de dissuasion du conseiller à l'égard d'un client qui souhaiterait investir dans un projet inadapté. Cette obligation s'imprègne de l'obligation de conseil du professionnel, façonnée par la jurisprudence. Une telle obligation ne manque pas de déboucher sur l'engagement de la responsabilité du conseiller, en cas d'investissement moribond. Cette hypothèse de mauvais investissement est pertinente dans un domaine d'investissement particulièrement risqué.

Le conseiller doit communiquer avec son client de manière intelligible et appropriée, concernant la nature des prestations fournies aux émetteurs de titres financiers et les frais s'y rapportant, ainsi que la nature juridique et l'étendue des éventuelles relations entretenues avec les émetteurs.

2. Concernant le porteur de projet

Au niveau de la cible, du porteur de projet, le conseiller est débiteur d'une obligation de vérification positive de la situation juridique et financière de la cible.

Il doit s'assurer que les sociétés dans lesquelles ses clients investissent directement – ou indirectement par une société dont l'objet est de détenir et de gérer des participations dans une autre société – respectent les règles de convocation et de fonctionnement des assemblées générales[96]. Le conseiller a, ainsi, une mission d'auditeur.

Le conseiller en investissement participatif doit vérifier que les règles, applicables aux sociétés par actions simplifiées procédant à une offre publique de titres financiers, soient bien respectées.

L'ordonnance du 30 mai 2014 vient réformer radicalement le droit des sociétés par actions simplifiées, en cas d'offre publique de titres financiers. Désormais, la liberté

---

96 C. com., art. L. 227-2-1.

contractuelle qui permettait d'organiser librement les décisions qui doivent être prises collectivement par les associés dans les formes et conditions qu'ils prévoient[97].

La Loi applique de plein droit certaines règles applicables aux sociétés anonymes à laquelle la société par actions simplifiée dérogeait :

Ainsi, le droit de vote attaché aux actions de capital ou de jouissance est proportionnel à la quotité de capital qu'elles représentent, et chaque action donne droit à une voix au moins[98].

De même, les règles régissant le droit de vote double dans une société anonyme sont applicables.

En outre, les statuts peuvent limiter le nombre de voix dont chaque actionnaire dispose dans les assemblées, à condition que cette limitation soit imposée à toutes les actions sans distinction de catégorie, autres que les actions à dividende prioritaire sans droit de vote[99].

De plus, l'assemblée générale extraordinaire est seule habilitée à modifier les statuts dans toutes leurs dispositions. Toute clause contraire est réputée non écrite. Elle ne peut, toutefois, augmenter les engagements des actionnaires, sous réserve des opérations résultant d'un regroupement d'actions régulièrement effectué[100].

Elle ne délibère valablement que si les actionnaires présents ou représentés possèdent au moins, sur première convocation, le quart et, sur deuxième convocation, le cinquième des actions ayant le droit de vote. À défaut, la deuxième assemblée peut être prorogée à une date postérieure de deux mois au plus à celle à laquelle elle avait été

---

97 C. com., art. L. 227-1 et L. 227-9.

98 C. com., art. L. 225-122.

99 C. com., art. L. 225-125.

100 C. com., art. L 225-98.

convoquée. Dans les sociétés dont les actions ne sont pas admises aux négociations sur un marché réglementé, les statuts peuvent prévoir des quorums plus élevés.

Elle statue à la majorité des deux tiers des voix dont disposent les actionnaires présents ou représentés.

La société par actions simplifiées se voit appliquer les règles régissant les assemblées ordinaires.

L'assemblée ne peut délibérer sur une question qui n'est pas inscrite à l'ordre du jour. Néanmoins, elle peut, en toutes circonstances, révoquer un ou plusieurs administrateurs ou membres du conseil de surveillance et procéder à leur remplacement[101].

Toute assemblée irrégulièrement convoquée peut être annulée. Toutefois, l'action en nullité n'est pas recevable lorsque tous les actionnaires étaient présents ou représentés[102].

Par ailleurs, lorsque la société qui procède à l'offre a pour objet de détenir et de gérer des participations dans une autre société, les dispositions du I sont également applicables à la société dans laquelle elle détient des participations.

Cette obligation doit être étendue au niveau des filiales de la cible.

Il doit s'assurer, lorsque la société dans laquelle leurs clients investissent a pour objet de détenir et de gérer des participations dans une autre société, que leurs intérêts ne sont pas lésés et qu'ils disposent de toutes les informations nécessaires à l'appréciation de leur investissement, notamment qu'ils sont, le cas échéant, destinataires du rapport du commissaire aux comptes aux associés approuvant les comptes.

---

[101] C. com., art. L 225-105, al. 3.

[102] C. com., art. L. 227-2-1.4.

Les prestataires de services d'investissement qui réalisent des offres de titres financiers au moyen d'un site internet, offres remplissant les caractéristiques fixées par le règlement général de l'Autorité des marchés financiers, s'assurent[103] :

1° que les sociétés dans lesquelles leurs clients investissent directement ou indirectement par une société holding ont bien publié leurs comptes ;

2° que leurs intérêts ne sont pas lésés et qu'ils disposent de toutes les informations nécessaires à l'appréciation de leur investissement, notamment qu'ils sont, le cas échéant, destinataires du rapport du commissaire aux comptes aux associés approuvant les comptes.

103 C. mon. fin., art. L. 533-22-9.

CHAPITRE II :

LES SOLUTIONS : L'INTERET DE SOCIETES A CAPITAL VARIABLE ET DU COMMANDITE

Le porteur de projet qui souhaite obtenir un financement au moyen d'une augmentation de capital est confronté à la difficulté de réaliser une telle opération.

De plus, en cas d'augmentation de capital, sa participation sera diluée par la prise de participation dans le capital de nouveaux associés. Le porteur de projet peut donc perdre le contrôle de sa société et de son projet : par l'effet de la dilution de sa participation, il risque de ne plus avoir un niveau de détention du capital suffisant pour s'assurer la majorité des droits de vote, source du pouvoir dans une société.

Face à ces deux écueils, le droit définit plusieurs solutions particulièrement efficaces pour le porteur de projet qui souhaite partager son capital social tout en s'assurant de conserver le contrôle de sa société.

Ces deux objectifs sont atteints par le recours au capital variable pour fluidifier le capital social de la société du porteur du projet.

Aussi, le recours à une société en commandite ou par action simplifiée permet au porteur de projet de conserver le pouvoir dans sa société, même si le capital augmente au profit de nouveaux partenaires.

SECTION 1 :
Le capital variable comme instrument de liquidité du capital

L'un des enjeux pour l'investisseur avec le niveau de risque et le niveau corrélatif de sa rémunération est la liquidité de son investissement.

La liquidité de l'investissement s'analyse en la capacité de l'investisseur à pouvoir sortir du capital d'une société en trouvant une contrepartie facilement, à savoir soit un tiers qui lui achète sa participation, soit la société qui rachète ses participations.

La liquidité du capital, et donc de l'investissement, est primordiale pour l'investisseur : elle détermine sa capacité à sortir de la société en récupérant les fonds qu'il a investis.

Le risque l'illiquidité du capital expose l'investisseur à devoir rester associé d'une société, alors qu'il ne le souhaite pas. Il reste donc associé, sans *affectio societatis* et sans pouvoir récupérer ses fonds.

Ce risque est particulièrement dissuasif pour un investisseur, qui préférera renoncer à son investissement que de s'exposer au risque de rester bloqué dans la société.

Ce risque est pertinent dans le cadre d'une levée de fonds par voie d'entrée au capital, en recourant au *crowdfunding*. Il concerne en partie des investisseurs particuliers qui prêtent au porteur de projet des sommes modestes dans l'absolu, mais importantes pour eux.

Le processus d'investissement peut aussi être animé par une forme d'*intuitu personae* à l'égard du projet, du porteur de projet, voire du thème du projet. Il existe donc une dimension psychologique dans ce type d'investissement qui, s'il devait s'arrêter à une analyse financière, serait affecté par l'importance du risque d'investir dans un projet jeune, fragile par définition.

Ainsi, en matière de *crowdfunding*, l'investisseur doit pouvoir réaliser son investissement rapidement, voire immédiatement. De même, il doit pouvoir sortir de la société facilement.

La conséquence est que l'investissement doit être rapide et que l'investisseur doit pouvoir désinvestir quand il le souhaite, en fonction de ses besoins et de l'évolution du projet.

Ainsi, la question de la liquidité de l'investissement est importante dans le *crowdfunding* ; elle participe de la sécurité et de la confiance des investisseurs dans la société.

Or, le régime juridique applicable aux levées de fonds par voie d'entrée au capital, soit par cession de parts, ou par création de parts nouvelles par une augmentation de capital, est particulièrement contraignant. Nous avons vu que l'assemblée générale était, par principe, plénipotentiaire en matière d'augmentation de capital et de cession en cas d'agrément.

En définitive, le régime juridique des augmentations de capital est incompatible avec la fluidité de l'investissement imposée par le *crowdfunding*.

C'est pourquoi l'utilisation d'une modalité particulière du capital, privée de ses contraintes, apparaît naturellement comme un levier juridique décisif pour les levées de fonds par voie d'entrée au capital. En effet, le capital variable permet de mouvementer à la hausse ou à la baisse le capital d'une société, en utilisant un simple bon de souscription ou de sortie accompagnant le versement ou le remboursement de fonds.

Ainsi, le capital variable constitue un levier juridique particulièrement efficace pour assurer la liquidité de l'investissement. Corrélativement, ce levier bénéficie aussi à la société qui voit les modalités de sortie des associés simplifiées.

Cet atout juridique contient aussi, en germe, les risques de sortie non maîtrisée d'un investisseur. Dans ce cas, la société, confrontée à l'exigence de remboursement d'un investisseur sortant, peut pâtir d'une difficulté de trésorerie.

Pour le porteur de projet désireux d'ouvrir le capital de sa société au financement participatif, l'enjeu initial est de pouvoir faire face à un nombre potentiellement important d'investisseurs dont le montant de l'investissement n'est pas toujours élevé.

Pour la société, la variabilité du capital permet d'échapper aux contraintes des augmentations de capital classiques.

Pour l'investisseur, la variabilité du capital permet d'accroître la liquidité de son investissement, en facilitant son retrait de la société.

D'un point de vue juridique, le capital social des sociétés est intangible. Il ne peut évoluer à la hausse ou à la baisse qu'au terme d'une procédure lourde.

La société à capital variable se définit comme une société dont le capital peut à tout moment varier : soit à la hausse, en raison de l'augmentation de la participation de certains associés ou de l'augmentation de leur nombre, soit à la baisse, en raison du retrait ou de l'exclusion d'un ou de plusieurs d'entre eux[1]. Cette double faculté de variation du capital, à la hausse et à la baisse, est une caractéristique essentielle des sociétés à capital variable et constitue une exception importante à l'intangibilité du capital, qui est de principe. En effet, dans les sociétés à capital variable, la variation du

---

[1] C. com., art. L. 231-1.

capital social est libre et ne dépend pas des formalités contraignantes prévues pour chaque type de société, notamment pour les sociétés à responsabilité limitée.

L'avantage de la variabilité du capital dans le cadre du *crowdfunding* est de dispenser la société de procéder aux formalités de dépôt et de publicité les actes constatant des augmentations[2] ou des diminutions du capital, ainsi que les retraits d'associés[3].

Le régime des sociétés à capital variable intéresse les sociétés où la composition de l'actionnariat est amenée à évoluer comme en matière de *crowdfunding*. Seront donc concernées les sociétés dont le capital est détenu en partie par des partenaires financiers, dont la participation sera très liquide grâce au droit de retrait dont ils bénéficient, ou encore celles destinées à organiser un groupement de professionnels, des commerçants

Pour autant, en dépit de ce régime dérogatoire, la société à capital variable n'est pas une forme particulière de société[4].

La stipulation d'une clause de variabilité peut être prévue *« dans les statuts des sociétés qui n'ont pas la forme de société anonyme ainsi que de toute société coopérative »*[5]. Ainsi, toutes les sociétés peuvent être à capital variable y compris les sociétés civiles[6].

La société à capital variable n'est pas une forme particulière de société, elle doit respecter les règles du droit

---

2 C. com., art. L. 231-3.

3 C. com., art. L. 231-6.

4 J. Mestre, D. Velardocchio, A.-S. Mestre-Chami, Lamy sociétés commerciales 2012, n° 5166.

5 C. com., art. L. 231-1.

6 C. civ., art. 1845-1.

commun des sociétés, ainsi que les règles particulières imposées par sa forme spéciale[7].

Les règles communes à toutes les sociétés à capital variable portent sur la constitution, le fonctionnement en cours de vie sociale et la dissolution de la société.

I– Constitution de la société à capital variable

La constitution de la société à capital variable suppose la réunion de conditions de fond et de conditions de forme.

Concrètement, la société devra intégrer dans ses statuts une clause de capital variable et mentionner dans son rapport avec les tiers cette spécificité.

A/ Conditions de fond

La société à capital variable doit remplir les conditions du droit commun des sociétés, ainsi que les règles de droit spécial propres à sa forme spécifique. En tant que société à capital variable, elle doit également se soumettre à d'autres conditions, comme la stipulation d'une clause de variabilité du capital social.

1. Stipulation d'une clause de variabilité du capital social

La clause de variabilité connaît un régime et un objet particuliers.

La clause déroge au principe de l'intangibilité du capital en permettant au capital de varier avec peu de formalité.

---

[7] C'est le principe posé par l'article L. 231-1, alinéa 2 du Code de commerce, qui prévoit que *« les sociétés dont les statuts contiennent la stipulation ci-dessus sont soumises, indépendamment des règles générales qui leur sont propres suivant leur forme spéciale, aux dispositions du présent chapitre »*.

La clause encadre cependant la variabilité du capital, qui n'est pas illimitée : elle est circonscrite entre un plafond et un plancher définis expressément dans la clause.

La stipulation d'une clause de variabilité du capital, qui permet à la société de déroger au principe de fixité du capital social, est un élément essentiel de la société à capital variable.

Seulement à cette condition, le montant du capital social peut varier, à la hausse ou à la baisse, entre deux limites : le capital maximum autorisé par les statuts et le capital minimum, tel qu'il est fixé par la loi ou les statuts. Cette double limite de variation du capital est indispensable pour que la qualification de société à capital variable soit retenue. Les statuts peuvent, ensuite, préciser les modalités de retrait des associés, ainsi que prévoir expressément la possibilité de les exclure, car cette faculté n'est pas de droit.

Cependant, l'amplitude de la variation est strictement circonscrite et ne peut être réalisée qu'entre deux seuils, fixant un plancher et un plafond, qui doivent être impérativement précisés par la clause de variabilité.

Premièrement, les statuts doivent fixer un seuil plancher, qui ne peut être inférieur au minimum prévu par la loi pour la forme de la société considérée[8].

Deuxièmement, la Cour de cassation a précisé que les statuts devaient impérativement fixer le montant du capital maximal autorisé. La Cour de Cassation précise qu'*« à défaut d'une telle mention, toute augmentation du capital doit, à peine de nullité, être décidée par la collectivité des associés ou actionnaires statuant aux conditions requises pour ce type de décision »*[9].

La société peut opter pour la variabilité du capital après sa constitution. Cette hypothèse est d'autant pertinente dans un

---

8 C. com., art. L. 231-5.

9 Cass. com., 6 févr. 2007, n° 05-19.237 : Bull. civ. 2007, n° 29.

cadre de *crowdfunding*. Le recours au financement participatif peut être décidé en cours de vie sociale, alors le passage au capital variable sera un corollaire pour faciliter la levée de fonds.

Certes, les conditions liées à la transformation de la société n'ont pas à être réunies, mais l'introduction de la variabilité du capital postérieurement à la constitution de la société impose une décision unanime des associés, dans la mesure où l'introduction d'une clause de variabilité du capital engendre une augmentation des engagements des associés[10].

D'une part, l'associé qui sort de la société reste tenu pendant cinq ans, envers les associés et envers les tiers, de toutes les obligations existant au moment de son retrait. Dans la société à responsabilité limitée et dans la société par actions simplifiée, une augmentation des engagements des associés est évidente.

D'autre part, la stipulation d'une clause d'exclusion, corollaire de la clause de variabilité, affecte la liberté de l'associé. À cet égard, la jurisprudence[11] estime que la clause d'exclusion « viole manifestement le droit fondamental d'un actionnaire de société anonyme de rester actionnaire » et frappe de nullité la clause[12].

Selon la configuration de l'actionnariat, une telle clause peut avoir une efficacité théorique dans le cadre du *crowdfunding*. En effet, la multitude des investisseurs pourrait rendre illusoire l'acquisition de l'unanimité. Tel serait le cas, si la société voulait opter pour la variabilité de son capital, alors que son capital serait déjà réparti assez largement, bien au-delà du cercle des fondateurs.

---

10 C. civ., art 1836, al. 2.

11 CA Paris, 3e ch., 27 mars 2001, n° 2000/12023, *Juris-Data* n° 2001149860 ; Bull. Joly sociétés 2002, p. 89, note H. Le Nabasque.

12 Cass. com., 13 nov. 2003, n° 00-20.646, Bull. civ. 2003, n° 171.

Ainsi, dans les bornes entre lesquelles le capital social peut évoluer, il existe le capital effectif, c'est-à-dire le capital social réel de la société à capital variable, qui constitue le gage véritable des créanciers sociaux, et le capital souscrit.

2. Libération des apports

Une fois le capital intégralement souscrit, les associés doivent procéder à la libération de leurs apports. La libération concerne le seul capital effectivement souscrit – et non le capital social statutaire, purement théorique. S'agissant des apports en nature ou en industrie, ils doivent être immédiatement libérés. S'agissant des apports en numéraire, leur libération répondait à des règles particulières, qui ont été partiellement remises en cause.

Toutes les sociétés sont désormais soumises aux dispositions législatives applicables à chacune d'entre elles à raison de leur forme : elles obéiront pour la libération du capital au rythme posé par leurs règles propres[13].

B/ Conditions de forme : l'apparence du caractère variable du capital

La constitution d'une société à capital variable doit respecter une double série de règles.

D'une part, elle doit se soumettre aux conditions de publicité imposées pour la constitution de la société choisie, qu'elle soit civile ou commerciale. La société à capital variable doit notamment procéder à son immatriculation au registre du commerce et des sociétés. À cette fin, elle doit faire l'objet d'un avis dans un journal d'annonces légales du

---

13 C. com., art. L. 231-5, al. 2.

lieu du siège social[14]. Dans les huit jours de l'immatriculation au registre, le greffier doit insérer un avis au BODACC.

D'autre part, l'avis inséré dans le journal d'annonces légales doit indiquer que la société est à capital variable et préciser quel est le montant en dessous duquel le capital ne peut être réduit[15]. La même exigence est posée pour l'inscription au registre du commerce et des sociétés[16], et pour la publicité au BODACC[17].

Au-delà de ces formalités de publicité propres à la constitution de la société, une publicité permanente doit être respectée et mentionner dans « *tous les actes et documents émanant de la société et destinés aux tiers, par l'addition des mots 'à capital variable'* »[18].

II – Fonctionnement de la société à capital variable – la liquidité du capital

La clause de variabilité permet une simplification des opérations sur capital, ainsi qu'une admission et un retrait des associés plus aisés. Elle renforce, tant pour la société que pour l'investisseur, la liquidité du capital.

A/ Opérations sur capital simplifiées

Le capital social peut varier à la hausse, en raison d'une décision d'augmentation, ou à la baisse, en raison d'une décision de réduction.

---

14 D. n° 78-704, 3 juill. 1978, art. 22.

15 C. com., art. R. 210-4, dernier al. – D. n°78-704, 3 juill. 1978, art. 22, 3°.

16 C. com., art. R. 123-53, 3.

17 C. com., art. R. 123-157, 3.

18 C. com., art. L. 231-2.

1. Augmentation du capital social

L'augmentation de capital social déroge aux règles de droit commun. Elle peut affecter le capital statutaire, autrement dit le capital maximum autorisé, ou le capital effectivement souscrit. L'augmentation peut donc être simple, tant qu'elle ne dépasse pas le plafond d'augmentation prévue par la clause (b).

En cas de dépassement, la société doit recourir à une augmentation de capital relevant du droit commun avec l'autorisation de l'assemblée générale des associés (a).

a. Augmentation du capital social statutaire

L'augmentation du capital social statutaire par les associés suppose la modification du seuil au-dessus duquel le capital social effectivement souscrit peut évoluer ; il s'agit de la modification du seuil théorique – non du capital effectivement souscrit. Une telle augmentation suppose une modification statutaire.

C'est pourquoi elle doit respecter les conditions requises pour la modification des statuts. Elle suppose donc la compétence de l'assemblée générale extraordinaire statuant aux conditions normales de quorum et de majorité. Il s'agit uniquement ici de modifier les statuts, sans qu'il soit nécessaire de mettre en œuvre les procédures légales prévues pour les augmentations ou les réductions du capital fixe, car les modifications ne concernent pas ici le capital effectivement souscrit.

b. Augmentation du capital social souscrit

C'est au stade de l'augmentation du capital effectivement souscrit que la spécificité de la société à capital variable se manifeste. Dans ce cas, « *le capital social est susceptible d'augmentation par des versements successifs* »[19], sans qu'aucune publicité ne soit requise[20]. La notion de « *versements successifs* » concerne la nouvelle souscription de droits sociaux, non la libération des apports.

L'investisseur signe un bon de souscription à l'augmentation de capital et verse les fonds sans autre formalité. L'augmentation du capital souscrit connaît une limite générale, qui tient au plafond fixé dans les statuts, autrement dit au capital autorisé : quand le plafond du capital autorisé est atteint, la variabilité à la hausse du capital ne sera de nouveau possible qu'à la suite du retrait ou de l'exclusion de certains associés ou encore d'une décision de modification statutaire du montant du capital autorisé.

2. Réduction du capital social

La réduction du capital social est en principe très encadrée, car elle réduit le gage des créanciers sociaux. Mais, sous certaines conditions, elle est aussi simplifiée dans les sociétés à capital variable. Il convient, comme en matière d'augmentation de capital social, de distinguer selon que la réduction a pour objet le capital social statutaire ou le capital souscrit.

a. Réduction du capital social statutaire

Le capital autorisé connaît un plafond à la hausse et un plancher à la baisse, en deçà duquel la réduction du capital est impossible. Ce plancher est fixé par la loi, qui précise le capital social minimum pour chaque forme de société. La liberté est toutefois, de plus en plus souvent, de mise.

---

19 C. com., art. L. 231-1.

20 C. com., art. L. 231-3.

b. Réduction du capital social souscrit par la reprise d'apports

Le capital social souscrit peut être diminué *« par la reprise totale ou partielle des apports effectués »*[21]*. La diminution du capital souscrit, qui est dispensé de publicité*[22] *va résulter soit des reprises d'apports effectués par un associé exclu ou qui se retire*[23]*, soit du décès, de la faillite ou de la déconfiture d'un associé*[24]*. La notion de « reprise d'apports », comme celle de « versements successifs », doit être interprétée strictement.*

La réduction du capital souscrit est cependant limitée[25].

D'abord, « Les statuts déterminent une somme au-dessous de laquelle le capital ne peut être réduit par les reprises des apports autorisés par l'article L. 231-1 ».

Ensuite : « *Cette somme ne pourra être inférieure ni au dixième du capital social stipulé dans les statuts ni, pour les sociétés autres que coopératives, au montant minimal du capital exigé pour la forme de la société considérée par les dispositions législatives la régissant* ».

Ainsi, deux conditions doivent être remplies. D'une part, le capital souscrit ne peut être inférieur au minimum prévu par les statuts, ou, le cas échéant, par la loi. Si le retrait ou l'exclusion impliquent une réduction du capital souscrit en deçà de ce seuil, les statuts doivent préalablement être modifiés par une décision des associés concernant le montant du capital minimum autorisé. D'autre part, le montant du capital souscrit ne peut pas être inférieur au seuil du dixième du capital social statutaire. Après réduction, le capital social

---

21 C. com., art. L. 231-1.

22 C. com., art. L. 231-3.

23 C. com., art. L. 231-6.

24 C. com., art. L. 231-8.

25 C. com., art. L. 231-5.

souscrit doit être au moins égal à un dixième du capital social statutaire.

B/ Situation des associés face à la liquidité du capital

La situation des associés est singulière dans les sociétés à capital variable. L'admission de nouveaux associés ou la sortie du capital d'associés présents est particulièrement simplifiée.

L'admission de nouveaux associés dans la société à capital variable par voie d'augmentation de capital si elle est simplifiée, peut être soumise à l'agrément des autres associés.

La liquidité du capital est assurée par le droit de retrait de l'associé ; elle est consubstantielle à la qualité d'associé d'une société à capital variable. Chaque associé peut ainsi exercer son droit de retrait dans la société, lui permettant d'obtenir la perte de la qualité d'associé et le remboursement de son apport.

À l'évidence, ce droit de retrait constitue un puissant levier juridique de la liquidité du capital.

La société y trouve aussi un avantage en accroissant son attractivité, puisqu'elle réduit le risque de blocage pour l'associé qui souhaite finalement désinvestir.

Ce risque doit impérativement être encadré.

1. Admission de nouveaux associés

En cas de cession de droits sociaux, les statuts peuvent prévoir un droit d'opposition au profit du conseil d'administration ou de l'assemblée générale[26]. Ce droit peut s'exercer librement, sous la réserve de l'abus de droit. Un tel

[26] C. com., art. L. 231-4, al. 3.

mécanisme manifeste le caractère d'*intuitu personae* de la société à capital variable.

Au-delà des statuts, la loi impose parfois de manière impérative un consentement unanime des associés (dans la société en nom collectif[27]) ou une procédure d'agrément (dans la société à responsabilité limitée[28]). La procédure devra, dans ce cas, être impérativement respectée.

2. Sortie d'associés

Dans le sens inverse, le législateur autorise le retrait de l'associé, permettant la diminution du capital social *« par la reprise totale ou partielle des apports effectués »*. Ce retrait connaît des modalités et des effets spécifiques.

Cependant, cette simplicité peut présenter un risque pour la société qui se retrouve face à la décision de retrait d'un associé sans pour autant avoir la trésorerie disponible pour payer le remboursement de l'apport de l'associé retrayant.

Par exemple, l'investisseur souhaite sortir de la société. Il fait valoir sa décision de se retirer de la société. La société est bien obligée d'accepter. Elle doit donc rembourser les 10 000 € que l'investisseur avait placés dans la société. Si la société dispose de plus de 10 000 € en trésorerie, le remboursement peut être effectué. Mais, si la société ne dispose pas des 10 000 €, elle ne peut pas rembourser son associé retrayant. Elle est donc fragile financièrement, car incapable de faire face à son passif.

Il faut vite que la société trouve de l'argent frais, pour rembourser son associé retrayant, auprès des autres associés par exemple.

---

[27] C. com., art. L. 221-13.

[28] C. com., art. L. 223-14.

L'encadrement du droit de retrait de l'associé doit permettre à la société d'anticiper et de ne pas subir le désinvestissement d'un associé.

a. Modalités de la sortie

La sortie de l'associé peut être à l'initiative de l'associé lui-même, au titre de son droit de retrait. C'est une garantie de la liquidité de son investissement.

La sortie de l'associé peut être initiée par la société elle-même, qui actionne une clause d'exclusion. La gravité de la mesure suppose l'intervention de l'assemblée générale des associés.

α. Droit de retrait volontaire, fondement de la liquidité de l'investissement

Le droit de retrait est un droit fondamental de tout associé d'une société à capital variable. « *Chaque associé peut se retirer de la société lorsqu'il le juge convenable, à moins de conventions contraires* »[29].

D'abord, ce droit est discrétionnaire, l'associé peut sortir de la société « *lorsqu'il le demande* ». Ensuite, ce droit produit un effet particulier dans les sociétés à capital variable : la société continue d'exister. Le capital social souscrit, non statutaire, est réduit au maximum jusqu'au seuil autorisé.

À cet égard, la Cour de cassation considère que « la liquidation de la société ne se confond pas avec le retrait d'associé qui laisse survivre la société après une simple réduction de capital et qui ne donne lieu qu'à l'évaluation des droits de l'associé »[30].

---

[29] C. com., art. L. 231-6, al. 1.

[30] Cass. 3e civ., 15 janv. 1997, n° 94-22.154, *Juris-Data* n° 1997-000098 ; Bull. civ. 1997, n° 15. *« Mais attendu qu'ayant relevé, à bon droit, que si l'article 18449 du Code civil, après avoir déterminé les règles de liquidation des sociétés, dispose que*

Le droit de retrait opère remboursement de la valeur des droits sociaux, sans que le mécanisme se satisfasse d'une qualification existante.

Le droit légal de retrait de l'associé est un droit d'ordre public[31].

Facteur de souplesse pour l'associé investisseur qui peut sortir de la société quand il le souhaite sans être lié indéfiniment à la société. Ce droit constitue aussi un risque pour la société dans la mesure où le retrait de l'associé impose le remboursement de son apport. Une fois encore, le désinvestissement d'un associé peut fragiliser voire neutraliser une société qui n'aurait pas la trésorerie disponible suffisante pour payer le retrayant.

C'est pourquoi le droit de retrait de l'associé peut être assorti de limites.

D'une part, la loi[32] réserve le cas de l'application de l'alinéa 1er de l'article L. 231-5, qui dispose que *« les statuts déterminent une somme au-dessous de laquelle le capital ne peut être réduit par les reprises des apports autorisés par l'article L. 231-1 »*. Le retrait ne pourrait donc pas être mis en œuvre dès lors que le capital souscrit deviendrait inférieur au minimum légal, ce qui vient sérieusement l'encadrer.

---

les règles concernant le partage des successions s'appliquent au partage de l'actif entre associés, ce texte ne peut recevoir application que lorsque l'actif social a été établi après paiement des dettes et remboursement du capital social et que la liquidation de la société ne se confond pas avec le retrait d'associé qui laisse survivre la société après une simple réduction de capital et qui ne donne lieu qu'à l'évaluation des droits de l'associé, la cour d'appel, abstraction faite d'un motif surabondant, a exactement retenu que le retrait d'associé n'était pas susceptible de rescision pour lésion. »

31 Cass. 8 juin 1939 S. 1939, 1, 249, note H. Rousseau – V., CA Paris, 14e ch., 9 févr. 2000, Sté Rene-Soprogepa c/ Époux Clément, n° 1999/22824, *Juris-Data* n° 2000-105318 ; Rev. sociétés 2000, p. 308, note B. Saintourens. Cass. com., 4 déc. 2012, n° 11-14.592, *Juris-Data* n° 2012-028181.

32 C. com., art. L. 231-6, al. 1.

Toutefois, la jurisprudence estime que cette règle permet toujours la mise en œuvre du droit de retrait, seul le remboursement des apports étant paralysé.

Ainsi, la loi permet la mise en place d'une sorte de cliquet assurant une garantie de la société.

D'autre part, le droit de retrait peut donc être encadré par les statuts, dès lors qu'ils ne le réduisent pas à néant puisqu'il est d'ordre public. Il convient de faire un compromis entre les intérêts du retrayant et celui de la société. Mais il faut préciser que le droit de retrait ne peut être encadré que par les statuts et non par le règlement intérieur d'une société[33].

D'un point de vue négatif, la règle de principe est que les statuts ne peuvent porter atteinte à la liberté individuelle de l'associé : l'exercice du droit de retrait ne peut être conditionné à l'agrément de la société ; il serait, sinon, soumis à une condition potestative. Il n'est pas possible de prévoir que l'engagement de l'associé est conclu pour une durée illimitée ou encore pour un laps de temps égal ou supérieur à la durée moyenne de la vie humaine ou de la vie professionnelle[34].

Ainsi, les statuts pourront utilement prévoir un délai pour payer le remboursement de l'apport, voire une limite tenant à la santé financière de la société. Cette limite devra reposer sur des éléments strictement objectifs comme un niveau de trésorerie. La société ne saurait déterminer de manière arbitraire la mise en œuvre d'une telle clause. Elle serait alors potestative, donc nulle.

D'un point de vue positif, l'exercice du droit de retrait peut être subordonné à :

---

33 CA Paris, 25e ch., 11 juill. 2005, Rev. sociétés 2006, p. 920, note I. Urbain-Parléani.

34 Cass. 1re civ., 3 juill. 1973, n° 72-10.001, *Juris-Data* n° 1973-000228 ; Bull. civ. 1973, n° 228.

— un préavis[35],

— une clause pénale dès lors qu'elle ne met pas, à la charge de l'associé sortant, une indemnité de nature à l'empêcher d'exercer son droit de retrait[36],

— une clause d'inaliénabilité – dans la mesure où elle devait être d'interprétation stricte et ne pouvait paralyser le droit de retrait – était possible[37].

β. *Exclusion de l'associé*

• La compétence de l'assemblée générale extraordinaire

La loi prévoit une autre spécificité de la société à capital variable :

« Il peut être stipulé que l'assemblée générale a le droit de décider, à la majorité fixée pour la modification des statuts, que l'un ou plusieurs des associés cessent de faire partie de la société »[38]*. La faculté d'exclusion de l'associé suppose la réunion de plusieurs conditions : une clause statutaire d'exclusion, ainsi que la compétence de l'assemblée générale extraordinaire*[39].

La clause statutaire d'exclusion peut être stipulée ab initio ou être introduite dans les statuts en cours de vie sociale.

---

35 Cass. 1re civ., 18 janvier 2000, n° 98-10.378, *Juris-Data* n °2000-000079 ; Dr. sociétés 2000, comm. 116, note Th. Bonneau.

36 CA Montpellier, 1re ch., 21 août 1991, Dr. sociétés 1991, comm. 485. 257 Cass. com., 18 mai 2005, n° 03-11.179, RJDA 10/2005, n° 1125.

37 CA Grenoble, 6 janv. 2011, n° 09-1686, Dr. sociétés 2011, comm. 74, note M. Roussille.

38 C. com., art. L. 231-6, al. 2. Les règles des sociétés à capital variable constituent un régime particulier à l'égard de celui, général, des SAS et, en vertu du principe selon lequel la règle spéciale déroge à la règle générale, la réponse est affirmative. L'article L 231-6, al. 2 du Code de commerce doit donc s'appliquer aux SAS à capital variable et prime sur l'article L 227-16.

39 J. Granotier, L'exclusion d'un associé : vers de nouveaux équilibres ? JCP G 2012, 653 ; Cass. com., 13 déc. 1994, n° 93-11.569, 93-12.349 ; Bull. civ. 1994, n° 384.

Seule l'assemblée générale peut se prononcer à la majorité fixée pour la modification des statuts. Toutefois, le conseil d'administration peut être compétent pour exclure un associé lorsqu'il s'agit de société coopérative[40] régie par un texte spécial[41].

En matière de société par actions simplifiée, l'exclusion d'un associé de société à capital variable ne peut résulter que d'une décision de l'assemblée générale extraordinaire[42].

---

[40] Cass. com., 13 juill. 2010, n° 09-16.156, Bull. 2010, IV, n° 129. Les dispositions spéciales de la loi du 10 septembre 1947 portant statut de la coopération priment sur celles générales régissant le fonctionnement des sociétés à capital variable.

Il en résulte que doit être cassé l'arrêt qui, au motif que l'article L. 231-6 du code de commerce dispose que dans les statuts des sociétés à capital variable, il pourra être stipulé que l'assemblée générale pourra décider l'exclusion d'un associé, écarte l'application des dispositions des statuts d'une société coopérative à forme anonyme à capital variable prévoyant l'exclusion d'un associé par délibération du conseil d'administration En application des dispositions de l'article L. 235-1 du code de commerce, la nullité des actes ou délibérations des organes d'une société ne peut résulter que de la violation d'une disposition impérative du droit des sociétés ou des lois qui régissent les contrats.

En conséquence, l'impossibilité pour l'associé exclu de venir s'expliquer devant l'organe décidant son exclusion n'est pas une cause de nullité de la délibération ayant prononcé l'exclusion.

Cass. com., 23 mai 2006, pourvoi n° 04-20.198, Bull. 2006, IV, n° 127 (rejet) ; Cass. com., 18 mai 2010, pourvoi n° 09-14.855, Bull. 2010, IV, n° 93 ; Cass. com., 23 mai 2006, pourvoi n° 04-20.198, Bull. 2006, IV, n° 127 ; CA Paris, 15e ch., 24 sept. 1996, Bull. Joly sociétés 1996, § 378, p. 1036, note B. Caillaud.

Certes, il a été jugé qu'en application de l'article 7 de la loi 47-1775 du 10 septembre 1947, selon lequel les statuts d'une société coopérative fixent les conditions d'exclusion des associés, les statuts d'une société coopérative anonyme à capital variable peuvent autoriser le conseil d'administration à exclure un actionnaire (Cass. com. 13-7-2010 n° 09-16.156 FS-PB, Sté Creno c/ Sté Balicco : RJDA 1/11 n° 58). Mais, dans ce cas, c'est le droit coopératif prévu par la loi du 10 septembre 1947 qui prime sur le droit commun des sociétés commerciales prévu par le Code de commerce, y compris sur les dispositions régissant les sociétés à capital variable. Les statuts du GAEC peuvent aussi reconnaître à l'assemblée générale, aux conditions de majorité qu'ils fixent, le droit d'exclure un associé pour motif grave et légitime (art. R 323-38, al. 2). Toutefois, les statuts ne peuvent pas priver l'associé dont l'exclusion est envisagée de son droit de participer à cette assemblée et de voter sur la proposition (Cass. com. 10-2-2015 n° 13-17.555 : RJDA 6/15 n° 441).

[41] Loi du 10 septembre 1947.

[42] P. Pailler : J.-Cl. Sociétés fasc. 167-20 n° 28 ; M. Germain et P.-L. Périn, L'exclusion statutaire des associés de SAS : Bull. Joly 2010 p. 1016.

À cet égard, la loi de simplification du droit des sociétés aligne le régime des sociétés par actions simplifié à capital fixe et celles à capital variable, en soumettant les clauses d'exclusion au même régime que les clauses d'agrément. Depuis le 21 juillet 2019[43], elles peuvent être adoptées ou modifiées par une décision collective des associés, dans les conditions prévues par les statuts[44]. Les associés de SAS pourraient, ainsi, statuer à la majorité sur les clauses concernant le retrait forcé d'un associé.

Jusqu'à présent, la loi prévoyait que les clauses statutaires d'exclusion d'un associé de SAS à capital fixe ne pouvaient être adoptées ou modifiées en cours de vie sociale qu'avec le consentement unanime des associés[45].

Cependant, cette mesure se heurte au principe selon lequel les engagements des associés ne peuvent, en aucun cas, être augmentés sans le consentement de chacun d'eux[46]. Contrairement à la clause d'agrément, l'insertion dans les statuts en cours de vie sociale d'une clause d'exclusion augmente les engagements des associés[47]. Il en va de même de l'ajout d'un cas d'exclusion à une clause statutaire existante[48].

De telles modifications statutaires ne peuvent donc être prises qu'à l'unanimité, en application de l'article 1836, al. 2 précité, qui est applicable à toutes les sociétés, « s'il n'en est autrement disposé par la loi en raison de leur forme ou de leur objet » (C. civ., art. 1834). Or, nous ne pensons pas que la modification de l'article L 227-19 du Code de commerce,

---

[43] Loi 2019-744 du 19 juil. 2019 art. 29 JO 20 texte n° 1.

[44] C. com. art. L. 227-19 modifié ; Loi art. 29.

[45] C. com. art. L. 227-19, al. 1 modifié par ord. 2017-747 du 4-5-2017.

[46] C. civ. art. 1836, al. 2.

[47] CA Paris, 27 mars 2001 : RJDA 10/01 n° 973.

[48] CA Paris, 17 fév. 2015 n° 14/00358 : RJDA 5/15 n° 341.

opérée par la loi nouvelle, déroge sur ce point aux articles 1834 et 1836 du Code civil.

En revanche, si une clause statutaire d'exclusion interdit à l'associé dont l'exclusion est envisagée de prendre part au vote, clause réputée non écrite[49], il est alors possible de modifier la clause à la majorité prévue par les statuts, en vue de rétablir l'associé dans le droit de voter sur son exclusion puisqu'il n'y a pas là augmentation des engagements. Il en ira de même de la suppression d'une clause d'exclusion.

• Limites processuelles

L'exclusion de l'associé s'analyse comme une sanction de la société à l'égard de l'associé.

C'est pourquoi les principes directeurs du procès comme le respect des droits de la défense viennent irriguer par cette voie le droit des sociétés. En effet, les droits de la défense de l'associé doivent être respectés. L'associé doit être présent lors du vote de l'assemblée générale extraordinaire[50] et participer impérative-ment au vote[51] même si le vote de l'associé exclu n'est pas nécessairement pris en compte[52].

Il doit aussi bénéficier du respect des droits de la défense[53].

Cependant, les droits de la défense ne sont pas totalement transposés en matière d'exclusion d'associé. La Cour de

---

49 Cass. com. 9 juil. 2013 n° 11-27.235 : RJDA 10/13 n° 813, 1e espèce.

50 Cass. com., 23 oct. 2007, n° 06-16.537; Bull. civ. 2007, n° 225.

51 Cass. com., 11 juill. 2006, n° 1021 FS-PB ; Cass. com., 9 juill. 2013, n° 12-21.238, Bull. 2013, IV, n° 124. Il n'entre pas dans les pouvoirs du juge de se substituer aux organes de la société en ordonnant la modification d'une clause statutaire au motif que celle-ci serait contraire aux dispositions légales impératives applicables.

52 Cass. com., 24 oct. 2018, n° 15-27.911. Une clause des statuts d'une société civile de moyens prévoit que : *« Lorsque la société comprend au moins trois associés, l'assemblée générale statuant à l'unanimité moins les voix de l'associé mis en cause, peut, sur proposition de tout associé, exclure tout membre de la société pour les causes suivantes* [...]. *».*

53 F.-X. Lucas, Le principe du contradictoire en droit des sociétés, in Libertés et droits fondamentaux, Dalloz, 17e éd., 2011, p. 781, spéc., p. 793 et s.

cassation a ainsi refusé à un associé exclu le droit à l'assistance d'un avocat, qu'il fondait sur l'article 6, §1 de la Convention européenne des droits de l'Homme.

La Cour de cassation justifie la non-application de la Convention en considérant qu'une assemblée générale n'était pas un organisme juridictionnel ou disciplinaire, établi par la loi, mais un organe de gestion interne à la société, dont la décision relevait du contrôle juridictionnel du tribunal de grande instance, puis de la cour d'appel devant lesquels l'associé exclu a été régulièrement assisté.

Mais, parmi les garanties procédurales, la cour considère que le principe du contradictoire doit être respecté[54]. Le débat contradictoire peut, en particulier, s'imposer quand l'exclusion est fondée sur une faute de l'associé[55]. Les juges contrôlent ainsi le respect des droits de la défense, lors de l'exclusion d'un associé d'une société à capital variable[56] et, surtout, le respect du principe du contradictoire[57].

Si le respect du principe du contradictoire est consacré, sa sanction reste relative. En effet, le non-respect de ce principe ne suffit pas pour prononcer la nullité de la décision d'exclusion[58].

La seule sanction résiderait donc dans l'octroi de dommages et intérêts en raison de la faute commise dans la

---

54 Cass. 1re civ., 16 juin 1993, n° 91-15.649 ; Bull. civ. 1993, n° 222 ; Cass. com., 10 mai 2006, n° 05-16.909, Dr. sociétés 2006, comm. 110, note H. Hovasse ; Bull. civ. 2006, n° 120.

55 Cass. com., 20 mars 2012, n° 11-10.855 : D. 2012 p. 875 obs. A. Lienhard 277 M. Cozian, A. Viandier, F. Deboissy, Droit des sociétés, LexisNexis, 25e éd., 2012, n° 372.

56 CA Paris, 24 sept. 1996, n° 95-014293; Bull. Joly sociétés 1996, § 378, p. 1036, note B. Caillaud.

57 Cass. 1re civ., 21 juin 1967, Bull. civ. 1967, n° 232.

58 Cass. com., 9 nov. 2010, n° 10-10.150 : Dr. sociétés 2011, comm. 25, note M.-L. Coquelet.

mise en œuvre de la décision d'exclusion, dont le principe ne peut être remis en cause.

En réalité, le juge peut seulement sanctionner les modalités de la mise en œuvre de la faculté d'exclusion et, en particulier, apprécier la gravité des motifs invoqués pour justifier l'exclusion. Il contrôle l'existence d'un abus de la part de la société[59], sans que ce contrôle puisse être étendu à l'opportunité de l'exclusion.

Certes les statuts d'une société à capital variable peuvent prévoir que l'assemblée générale aura le droit de décider, à la majorité prévue pour leur modification, qu'un associé cessera de faire partie de la société. Il appartient aux tribunaux, lorsqu'ils en sont saisis, de vérifier que l'exclusion n'est pas abusive[60]. Cette solution implique que l'associé a le droit de faire apprécier la gravité des motifs d'exclusion, non seulement lorsque les statuts prévoient qu'une exclusion doit être justifiée par des raisons graves[61], mais aussi sur le fondement de la théorie générale de l'abus de droit[62] (article

---

59 Cass. com., 21 oct. 1997, n° 95-13.891, Bull. civ. 1997, n° 281.

60 Cass. com. 21-10-1997 n° 95-13.891 P : RJDA 1/98, n° 67.

61 Cass. 1re civ. 8-11-1976 : Rev. sociétés 1977 p. 285 note C. Athias ; Cass. 1re civ. 16-6-1993, Rev. sociétés 1994 p. 295 note Y. Chartier.

62 Cass. com. 14 nov. 2018 n° 16-24.532 F-D, Sté Studel c/ M. Il appartient à la juridiction, lorsqu'elle en est saisie, de vérifier que l'exclusion d'un associé n'est pas abusive, l'abus de droit ne se résumant pas à l'exercice de ce droit avec intention de nuire. Une cour d'appel, pour annuler la délibération de l'assemblée générale extraordinaire d'une société civile immobilière à capital variable ayant prononcé l'exclusion d'un associé, a pu retenir que cette exclusion était abusive après avoir déduit des éléments suivants l'absence de tout motif grave la justifiant :

- si l'associé avait participé à un retrait massif d'un groupe d'associés pour les parts sociales qu'il détenait en nue-propriété, il n'avait cédé celles-ci que pour permettre à l'usufruitier de se retirer et avait conservé les parts détenues en pleine propriété ;
- il n'était pas expliqué en quoi la participation partielle à ce retrait caractériserait une défiance et serait la cause d'une difficile cohabitation avec les autres associés ;
- les difficultés consécutives au retrait massif du groupe d'associés, qui ne sont pas liées à un comportement de l'associé préjudiciable à la société, ne peuvent pas fonder son exclusion et caractérisent un abus.

1240 du Code civil), lorsque les statuts prévoient qu'une exclusion peut être décidée pour toute cause appréciée souverainement par l'assemblée[63]. L'arrêt ci-dessus s'inscrit dans le prolongement de cette jurisprudence, dans un cas où la clause statutaire ne donnait aucune précision sur les motifs pouvant justifier un retrait forcé.

Cette solution, protectrice des intérêts des associés, est à notre avis transposable dans toutes les sociétés dont les statuts contiennent une clause d'exclusion, même si elles sont à capital fixe. La notion d'abus de droit n'est pas définie par la loi. Il a déjà été jugé que l'exercice abusif de ses droits par un associé ne se limite pas au cas où une intention de nuire est démontrée[64].

La Cour de cassation confirme cette solution[65] : le contrôle sur le fond exercé par le juge est différent, lorsque la clause statutaire prévoit qu'un associé pourra être exclu en cas de survenance d'un fait objectif, non susceptible d'appréciation, comme la perte d'une qualité requise pour être associé. Dans ce cas, le juge intervient pour vérifier que la mesure a été décidée en conformité avec les prévisions des parties[66]. Les juges doivent en outre rechercher si la procédure statutaire d'exclusion, ainsi que les droits de la défense ont été respectés ; en particulier, l'associé menacé d'exclusion doit être mis en mesure d'obtenir, avant le vote, l'information à laquelle il a droit et de s'exprimer sur les faits qui lui sont reprochés[67]. Par ailleurs, lorsque la décision relève de l'assemblée générale,

63 Cass. com. 21 oct. 1997 précité.

64 CA Grenoble 6 mai 1964 : D. 1964 p. 783 note A. Dalsace.

65 Cass. com., 14 nov. 2018, n° 16-24.532 F-D, Sté Studel c/ M.

66 Cass. com., 20 mars 2012, n° 11-10.855 F-PB : RJDA 6/12 n° 603.

67 Cass. com., 7 juil. 1992, n° 1308 P : RJDA 11/92 n° 1036 ; Cass. com. 20 mars 2012 précité.

l'associé ne peut pas être privé de son droit de participer à une décision sur sa propre exclusion et de voter[68].

b. Effets du retrait ou de l'exclusion

La sortie de l'associé implique d'abord la perte de la qualité d'associé – le tout étant de savoir à quel moment cette perte est effective. La difficulté tient au fait que la perte de la qualité peut être corrélée au remboursement de l'apport. La problématique de l'évaluation de droits sociaux est alors essentielle et particulièrement sujette à contentieux, tant les manières de valoriser une société sont multiples.

α. *Perte de la qualité d'associé*

La perte de la qualité d'associé est lourde de conséquences, car celui-ci perd alors les droits qui y étaient attachés (droit aux dividendes et aux réserves, droit de vote aux assemblées, etc.) et se trouve déchargé dans la même mesure de ses obligations (contribution aux pertes, responsabilité à l'égard des tiers).

La loi ne tranche pas cette question. Il existe donc une alternative entre deux dates : la date de la notification à la société de son intention de se retirer par l'associé ou la date du remboursement de ses apports. Le principe du consensualisme prévaudrait donc[69].

Concernant le choix de la date du remboursement de la valeur des droits sociaux, la jurisprudence, juge que « *la perte de la qualité d'associé ne peut, en cas de retrait, être antérieure au remboursement de la valeur des droits sociaux* »[70]. La perte de la qualité d'associé du retrayant est fixée à la date de remboursement effectif de son apport.

---

[68] Cass. com., 23 oct. 2007, n° 06-16.537 FS-PBI : RJDA 1/08 n° 50 ; Cass. com. 10 fév. 2015 n° 13-17.555 F-D : RJDA 6/15 n° 441.

[69] CA Paris, 3e ch., 30 avr. 1997 : Bull. Joly sociétés 1997, § 249, p. 654, note P. Le Cannu.

[70] Cass. com., 17 juin 2008, Bull. civ. 2008, n° 125 et n° 126 ; RJDA 11/08 n° 1144 ; Rapport annuel de la Cour de cassation 2008, p. 289.

Les statuts doivent donc impérativement encadrer l'obligation au remboursement incombant à la société, en prévoyant un délai bref pour le remboursement des droits sociaux.

A propos de la date de la perte de qualité d'associé dans le cas de l'associé exclu, il convient d'appliquer la solution retenue pour l'associé qui exerce son droit de retrait à l'hypothèse de l'associé qui est exclu[71] : à la date de remboursement effectif de l'apport. Dans un arrêt récent[72], la Cour de cassation a dû répondre à la question selon laquelle en cas d'exclusion d'un actionnaire, en application de statuts prévoyant la cession forcée de ses actions à un tiers, l'ancien actionnaire a-t-il droit aux dividendes jusqu'au « remboursement » de ses droits patrimoniaux.

La jurisprudence a tranché, dans plusieurs décisions, la question de la date à laquelle l'associé, quittant une société, perd les droits associés à cette qualité. Les hypothèses peuvent être très variables : retrait ou exclusion, en application de règles légales ou de clauses statutaires, dans une société civile ou une société commerciale. La Chambre commerciale de la Cour de cassation a répondu à cette question, dans des espèces concernant des sociétés civiles, que la perte de ces droits ne pouvait être effective qu'à la date du versement de la valeur des parts[73]. Il résulte également de la jurisprudence que l'associé retrayant d'une société civile doit être considéré comme étant resté titulaire de l'intégralité de ses parts jusqu'au remboursement intégral de ses droits, de sorte qu'il a droit au paiement de l'intégralité des dividendes

---

71 Cass. 3e civ., 9 déc. 1998, Bull. civ. 1998, n° 243.

72 Cass. com., 13 mars 2019, n° 17-28.504 FS-D, A. c/ Sté PriceWaterhouseCoopers Audit.

73 Cass. com., 17 juin 2008, n° 06-15.045 FS-PBR et n° 07-14.965 FS-PBR : RJDA 11/08 n° 1144), suivant ainsi la troisième Chambre civile (Cass. 3e civ. 9 déc. 1998 n° 97-10.478 PB : RJDA 8-9/99 n° 952.

jusqu'au remboursement de la valeur de ses droits sociaux[74]. Le principe selon lequel la date de la perte de la qualité d'associé ne peut être antérieure à la date du remboursement de ses droits sociaux paraît avoir été transposé, au moins implicitement, à l'hypothèse de l'exclusion d'un associé de SAS[75].

Par ailleurs, l'étude de la jurisprudence montre qu'il existe des exceptions au principe selon lequel l'associé perd cette qualité au jour du remboursement de la valeur des parts sociales. Des exceptions d'origine légale tout d'abord, lorsqu'un texte spécial fixe expressément la date de la perte de la qualité d'associé : la cession peut être antérieure à la perte de la qualité d'associé fixée par la loi[76] ou postérieure[77].

Mais la Cour de cassation a également reconnu des exceptions conventionnelles : la Chambre commerciale a jugé[78] que la perte de la qualité d'associé d'une société en nom collectif s'était opérée de plein droit, en application des statuts, dès le redressement judiciaire de l'associé et qu'elle n'était pas subordonnée au remboursement des droits sociaux, qui n'en était que la conséquence. Dans un arrêt récent[79], la Chambre commerciale de la Cour de cassation a

---

[74] Cass. com. 27 avril 2011, n° 10-17.778 F-D : RJDA 7/11 n° 638.

[75] Cass. com., 16 septembre 2014, n° 13-17.807 FS-PB : RJDA 1/15 n° 30. La Cour considère que *« la suspension de l'exercice des droits non pécuniaires de l'associé tenu de céder ses actions tant qu'il n'a pas procédé à cette cession étant sans incidence sur sa qualité d'associé, la cour d'appel a statué à bon droit » et « qu'ayant relevé que les statuts de la société ne précisaient pas la date à laquelle la valeur des titres de l'associé exclu devait être déterminée et constaté que le tiers estimateur avait fixé à 39 600 € la valeur des actions de M. G. "à la date la plus proche de la cession future", la cour d'appel a fait l'exacte application des dispositions de l'article 1843-4 du Code civil en retenant cette somme ».*

[76] Cass. 1re civ., 28 oct. 2010, n° 09-68.135 F-PBI : RJDA 2/11 n° 164.

[77] Cass. 1re civ., 17 dec. 2009, n° 08-19.895 FS-PB : RJDA 3/10 n° 260.

[78] Cass. com., 8 mars 2005, n° 02-17.692 F-PB : RJDA 7/05 n° 827.

[79] Cass.com., 13 mars 2019, n° 17-28.504 FS-D,A.c/StéPriceWaterhouseCoopers Audit. Par cette décision non publiée, la Chambre commerciale a donc rendu un arrêt

considéré que la jurisprudence selon laquelle la perte de la qualité d'associé ne peut être antérieure au remboursement des droits sociaux ne pouvait s'appliquer, compte tenu des faits propres à l'espèce : non seulement il existait une clause statutaire très claire sur la perte de la qualité d'actionnaire, mais en outre la cession avait eu lieu, avec paiement d'un prix et ce, au bénéfice d'un tiers à la société dont l'actionnaire était exclu.

Or, l'hypothèse d'une cession à un tiers est très différente de celle d'un rachat par la société. En effet, en cas de rachat par la société, il n'y a pas de transfert à la société d'un droit à dividendes – contrairement à l'hypothèse d'une cession à un tiers, qui implique le transfert à ce tiers du droit de percevoir des dividendes. À cet égard d'ailleurs, le terme de remboursement, employé par le grief, était inapproprié : il ne s'agit pas d'un remboursement, comme en cas de rachat par la société, mais bien d'un paiement par un tiers du prix fixé par la cession. Cette solution est cohérente avec la jurisprudence du Conseil constitutionnel[80] selon laquelle est conforme à la Constitution l'article 1843-4 du Code civil, tel que l'interprète la Cour de cassation, qui considère que pour évaluer la valeur des droits sociaux en cas de contestation sur cette dernière – lors d'une cession, d'un retrait ou d'une exclusion – l'expert désigné doit retenir la date la plus proche du remboursement de ces droits sociaux[81]. En effet, d'une part, la question qui lui était posée avait uniquement trait à la date à prendre en compte pour déterminer la valeur des droits sociaux, en cas de désignation d'un expert sur le fondement de l'article 1843-4, et non pas celle de savoir à quelle date

d'espèce, reposant sur la spécificité des faits (l'existence d'une clause statutaire, et surtout le fait que la cession ait lieu, avec paiement d'un prix, avant la désignation d'un expert sur le fondement de l'article 1843-4 du Code civil), qui ne doit pas être interprété comme un revirement par rapport à la jurisprudence selon laquelle la date de la perte de la qualité d'associé ne peut être antérieure au remboursement des droits sociaux.

80 Cons. const., 16 sept. 2016, n° 2016-563 QPC : RJDA 12/16 n° 876.

81 Cass. com., 16 sept. 2014, n° 13-17.807 FS-PB : RJDA 1/15 n° 30, précité.

devait être fixée la perte de la qualité d'associé. D'autre part, l'hypothèse visée par la décision du Conseil constitutionnel est celle d'une « décision de sortie de la société » : il ne s'agit que d'une simple décision sociale qui se distingue de l'opération de cession de titres, qui correspond à la mise en œuvre effective de cette décision sociale. Lorsqu'une cession a effectivement eu lieu au bénéfice d'un tiers, comme en l'espèce, les parts sociales sont sorties du patrimoine du cédant à compter de la date de cette cession, et le cédant ne peut plus percevoir les dividendes, sauf à méconnaître le droit de propriété de l'acquéreur. Par cette décision non publiée, la Chambre commerciale a donc rendu un arrêt d'espèce, reposant sur la spécificité des faits (l'existence d'une clause statutaire, et surtout le fait que la cession ait lieu, avec paiement d'un prix, avant la désignation d'un expert sur le fondement de l'article 1843-4 du Code civil), qui ne doit pas être interprété comme un revirement par rapport à la jurisprudence selon laquelle la date de la perte de la qualité d'associé ne peut être antérieure au remboursement des droits sociaux.

β. *Évaluation des droits sociaux : d'une limite à une source de litiges*

Quelle date retenir pour procéder à l'évaluation des apports ? Deux possibilités sont offertes : soit la date de la décision de retrait ou d'exclusion, soit la date de remboursement effectif. La jurisprudence distingue clairement entre la date d'évaluation et la date de perte de la qualité d'associé.

Or, surtout en cas de retrait, l'associé qui décide de sortir de la société doit prendre sa décision en connaissance des conditions financières de la valeur du retrait, donc de la valorisation de la société.

Les statuts doivent anticiper de prévisibles conflits au sujet de la détermination de la date d'évaluation. En l'absence de dispositions statutaires précises, les juges privilégient, pour fixer la date d'évaluation, la date la plus proche de celle du remboursement des droits[82].

Concernant les modalités de valorisation des parts, la Loi est silencieuse sur la valorisation des droits sociaux du retrayant.

Il revient donc aux statuts de fixer les règles d'évaluation.

À défaut de modalités statutaires, il conviendra d'appliquer les dispositions de l'article 1843-4 du Code civil relatif à l'évaluation par expertise. Ce recours se fait, que le retrait soit volontaire ou qu'il soit forcé et résulte de l'application des statuts[83]. L'expert est alors libre de déterminer les critères qu'il juge les plus appropriés pour fixer la valeur des droits, parmi lesquels peuvent figurer ceux prévus par les statuts[84].

La Cour de cassation considère que pour évaluer la valeur des droits sociaux en cas de contestation sur cette dernière, lors d'une cession, d'un retrait ou d'une exclusion, l'expert désigné doit retenir la date la plus proche du remboursement de ces droits sociaux[85].

Enfin, en cas d'apport en nature, situation exceptionnelle, en cas d'apport en capital variable, le retrait de l'associé lui permet d'obtenir que lui soient attribués les biens qu'il a apportés lorsqu'ils se retrouvent en nature dans l'actif social, la cour d'appel a violé les textes susvisés[86].

---

82 Cass. com., 4 mai 2010, n° 08-20.693 : Bull. civ. 2010, n° 85, F.-X. Lucas, La date d'évaluation des parts d'un retrayant : Bull. Joly sociétés 2008, § 19, p. 78.

83 Cass. com., 4 déc. 2007, n° 06-13912 et n° 06-13913, Dr. sociétés 2008, comm. 23, note R. Mortier.

84 Cass. com., 5 mai 2009, n° 08-17.465, Bull. civ. 2009, n° 61.

85 Cass. com., 16 sept. 2014, n° 13-17.807 FS-PB : RJDA 1/15 n° 30, précité ; Cass. com., 13 mars 2019, n° 17-28.504, FS-D, A. c/ Sté PriceWaterhouseCoopers Audit.

86 Cass. 3e civ., 12 mai 2010, n° 09-14.747, Bull. 2010, III, n° 94.

3. Obligations de l'associé retrayant ou exclu

L'associé qui cesse de faire partie de la société, soit par l'effet de sa volonté, soit par suite de décision de l'assemblée générale, reste tenu, pendant cinq ans, envers les associés et envers les tiers, de toutes les obligations existant au moment de sa retraite[87].

Dans les sociétés à responsabilité limitée, cette règle constitue une augmentation des engagements de l'associé. Pour la contourner, celui-ci peut privilégier la cession de ses droits sociaux, pourvu que le candidat au retrait trouve un acquéreur.

Cette responsabilité porte sur les dettes sociales de l'associé ; elle ne concerne pas, en revanche, les pénalités et indemnités faisant éventuellement suite à sa démission avant le terme de son engagement[88]. Cette contribution aux dettes sociales après le retrait ne concerne pas la contribution aux pertes, à laquelle l'associé devra contribuer au moment du retrait : la reprise des apports se fera donc sous déduction des pertes.

La société peut obtenir des Dommages et intérêts à la charge de l'associé retrayant. Un associé qui se retire avant l'expiration d'un délai statutaire peut être tenu au versement de pénalités. Mais il s'agit bien alors d'indemniser le préjudice subi par la société. C'est donc une dette personnelle qui est concomitante au retrait. Selon la jurisprudence, une clause définissant les conditions d'indemnisation du retrait anticipé d'un coopérateur « ne constitue pas une clause pénale destinée à sanctionner la rupture d'un engagement d'apport, mais a pour seul objet de prévoir la compensation forfaitaire d'un manque à gagner de la coopérative »[89].

---

87 C. com., art. L. 231-6, al. 3.

88 Cass. 1re civ., 18 déc. 2001, n° 99-18.044, Bull. civ. 2001, n° 324.

89 Cass. 1re civ., 6 juin 2000, n° 98-12.307, Bull. civ. 2000, n° 180.

La société peut obtenir des dommages et intérêts à la charge de l'associé exclu. Dans la mesure où l'exclusion peut s'analyser comme une mesure disciplinaire, l'exclusion de l'associé peut également s'accompagner de dommages et intérêts à la charge de ce dernier. La Cour de cassation a jugé qu'une clause pénale pouvait être appliquée, dès lors que les modalités objectives de détermination du montant de la sanction avaient été déterminées par avance, ce qui permettait une bonne connaissance de cette sanction et de ses conséquences financières[90].

SECTION 2 : La sécurité des fondateurs face au risque de dilution de leurs participations

En cas d'augmentation de capital, la participation initiale du porteur de projet fondateur de la société sera diluée par la prise de participation dans le capital de nouveaux associés.

Dans la mesure où le pouvoir dans une société dépend de la majorité des droits de vote lors des décisions collective, le porteur de projet peut donc perdre le contrôle de sa société et de son projet : par l'effet de la dilution de sa participation, il risque de ne plus avoir un niveau de détention du capital suffisant pour s'assurer la majorité des droits de vote, source du pouvoir dans une société.

Par exemple, le porteur de projet est le fondateur unique d'une société au capital de 1 000 € avec des parts à la valeur nominale de 10 €. Il détient 100 % du capital. Il dispose d'un brevet qu'il a apporté à la société et souhaite lever 100 000 € pour financer le développement de son invention. Il sollicite des investisseurs par le biais d'une plateforme de *crowdfunding* pour financer l'achat de machine. Il est prêt à

---

90 Cass. com., 22 févr. 2000, n° 97-17.020, Bull. civ. 2000, n° 35.

créer par l'augmentation de capital 10 000 parts nouvelles de 10 €.

Son projet intéresse maints investisseurs qui souscrivent à l'augmentation de capital. Le succès est au rendez-vous car il lève 120 000 €. C'est une chance, il dispose largement de capitaux propres, désormais, pour financer son projet de développement et dispose même de 20 000 € supplémentaires pour financer son besoin en fonds de roulement, essentiellement un stock de matières premières.

L'augmentation de capital est réalisée. Le porteur de projet dispose donc désormais de 100 parts sociales et les investisseurs de 12 000 parts pour un capital total de 121 000 € composé de 12 100 parts.

Désormais, le porteur de projet ne dispose plus que de 0,82 % des droits de vote au lieu des 100 % qu'il avait, avant l'opération. Il n'a même plus une minorité suffisante pour bloquer certaine décision de ses nouveaux associés. Il ne dispose plus d'aucun pouvoir. Rapidement, il reçoit une convocation à une assemblée générale aux fins de révocation du gérant pour divergence stratégique. Il sera révoqué. Il n'est plus gérant. Désormais, l'ancien porteur de projet ne dispose plus que de 0,82 % du capital et n'est plus gérant. Son brevet est toujours la propriété de la société.

En conclusion, une levée de fonds peut causer une catastrophe pour le porteur de projet qui ne s'y est pas préparé. La préparation dans ce cas consiste à anticiper le risque de dilution et d'éviter ainsi tout risque de révocation du porteur de projet.

Le risque est d'autant plus fort que le recours à la plateforme sur internet et à la souscription à certains projets en ligne prive le porteur de projet de contrôle. Tout le projet ne prévoit pas de conditions à l'acceptation des propositions fermes d'investisseur.

Le porteur de projet, victime de son succès, peut – si le capital social de sa société n'est pas maîtrisé – se retrouver en minorité et perdre ainsi le contrôle de la société : au niveau des droits de vote faute de majorité, et au niveau de la gérance de la société de par le risque de révocation.

Heureusement, le choix de la société permet de protéger le porteur de projet contre le risque de dilution : soit il recourt à la société en commandite et bénéficie d'une protection légale ; soit il opte pour la société par actions simplifiée afin d'organiser librement sa protection dans les statuts de la société.

I– L'opportunité de la société en commandite contre le risque de dilution

La société en commandite est une forme de société désuète. Elle présente pourtant un avantage décisif en matière de levée de fonds par le *crowdfunding* : celui de dissocier les entrepreneurs des investisseurs. Ceux-là sont associés et gérants en qualité de commandite. Ceux-ci sont associés, cantonnés à un rôle financier de bailleur de fonds et rémunérés à ce titre. Ce sont les associés commanditaires.

L'avantage de la société en commandite – combiné avec la variabilité du capital et ce qui en fait une forme particulièrement moderne dans une logique de *crowdfunding* – est cette dichotomie des commandités et commanditaires.

Cette dichotomie assure une protection particulièrement efficace des entrepreneurs contre un risque de dilution de leur participation dans une société classique. En effet, en principe, quel que soit le niveau de participation du commanditaire, les entrepreneurs conservent leur pouvoir opérationnel et leur pouvoir financier.

Cette protection repose sur la protection des gérants commandités contre toute volonté de contrôle des investisseurs commanditaires. Elle repose sur l'interdiction logique, faite au commanditaire, de s'immiscer dans la gestion.

L'investisseur commanditaire reste protégé si le projet périclite : sa responsabilité est celle d'un associé de société à responsabilité limitée.

A/ Difficulté de révocation du gérant commandité

L'intérêt pour les fondateurs recourant à un financement par le *crowdfunding* est d'être commandités et gérants. Cette position statutaire les protège contre le risque de révocation, même si leur responsabilité illimitée constitue un risque encadré.

1. Une protection contre la prise de pouvoir des investisseurs

La combinaison des textes applicables aux SNC et SCS permet de déduire trois types de solutions :

— si le gérant est associé et statutaire, il ne peut être révoqué qu'à l'unanimité des associés commandités et de la majorité des commanditaires[91] ;

— si le gérant n'est pas désigné dans les statuts, il peut être révoqué de ses fonctions, dans les conditions prévues par les statuts ou, dans le silence des statuts, par une décision des autres associés, gérants ou non, prise à l'unanimité[92] ;

— si le gérant n'est pas associé, il peut être révoqué dans les conditions prévues par les statuts ou, dans le silence des statuts, par une décision des associés prise à la majorité[93].

Les conditions dans lesquelles le président de SAS peut être relevé de ses fonctions sont, dans le silence de la loi, librement fixées par les statuts. Ainsi, il peut être exigé une révocation pour juste motif.

Ce juste motif peut consister en une perte de confiance des associés dans la personne du dirigeant mais cette perte de confiance doit reposer sur des éléments objectifs317, démontrant une atteinte à l'intérêt social ou au fonctionnement de la société[94]. Cette solution est

---

[91] D. Gibirila, Rép. Sociétés Dalloz, V° Commandite simple, n°s 50 à 53. 314 ; C. com., art. L. 222-9.

[92] C. com., art. L. 221-12, al. 2.

[93] C. com., art. L. 221-12, al. 3.

[94] CA Paris 27 oct. 2015 n° 14/14699 : RJDA 4/16 n° 296.

transposable aux dirigeants pour lesquels un texte impose une révocation pour juste motif : gérant de SCS[95].

Dans la logique du *crowdfunding*, nous privilégierons le cas où le porteur de projet est gérant statutaire commandité et les bailleurs de fonds sont commanditaires.

Le commandité gérant en vertu des statuts n'est pas, comme dans la société en nom collectif, révoqué à l'unanimité des autres associés[96].

Il ne peut être révoqué qu'à l'unanimité des autres associés commandités et à la majorité en nombre et en capital des associés commanditaires ; en effet, ce sont là, les conditions requises pour la modification des statuts[97].

Ainsi par exemple, si les entrepreneurs commandités désignent un ou plusieurs gérants, ou que le porteur de projet est commandité et gérant, leur révocation et leur éviction sont impossibles, faute pour les commanditaires d'obtenir l'accord des commandités.

Quelle que soit la part dans le capital des commanditaires, ils ne peuvent en aucun cas révoquer le porteur de projet qui reste maître de son projet.

Toute clause édictant des conditions plus strictes de majorité serait réputée non écrite[98] ; il n'en demeure pas moins que, comme la loi ne fixe aucune échéance à son mandat, en l'absence de stipulations précises des statuts sur ce point, la révocation du gérant commandité et statutaire est quasiment impossible.

---

95 Cass. com., 4 mai 1993, n° 782 P : RJDA 12/93 n° 1048 ; CA Paris 13 nov. 2002 n° 01-7839 : RJDA 6/03 n° 591 ; CA Lyon 20 dec. 2012 n° 11/02688 : RJDA 4/13 n° 335. 319 ; C. com., art. L 222-2.

96 C. com., art. L. 221-12.

97 C. com., art. L. 222-9, al. 2.

98 C. com., art. L. 222-9, al. 3.

Cette révocation aurait d'ailleurs pour conséquence la dissolution de la société ; il faudrait, pour l'éviter, une décision unanime des autres associés.

Il n'est en aucun cas prévu que l'on puisse avoir recours à la révocation judiciaire du gérant, sauf à démontrer que son action est de nature à compromettre l'intérêt social ou le fonctionnement de la société[99].

Ce statut de gérant commandité soumet les porteurs de projet à une responsabilité illimitée : ils sont responsables indéfiniment et solidairement du passif social.

Ce risque peut être neutralisé par la création d'une société holding à responsabilité limitée qui viendra porter les parts des porteurs de projet et deviendra associée et gérante de la société en commandite. La société holding à responsabilité limitée fait écran à la responsabilité illimitée des commandités.

En somme, la société en commandite fournit un instrument absolu de protection des gérants contre une prise de pouvoir hostile des investisseurs.

2. Répartition statutaire des rémunérations

Le risque des porteurs de projet contre les investisseurs peut venir de la détermination de leur rémunération. À cet égard, la société en commandite permet de protéger les porteurs de projet gérants commandités.

En effet, les statuts doivent fixer la part globale des commandités et la part de chaque commanditaire dans la

---

99 Cass. com., 8 févr. 2005 : JCP E 2005, 973 ; Dr. sociétés 2005, comm. 139, note J. Monnet. La Cour considère que le gérant ne peut être révoqué judiciairement que si son action est de nature à compromettre l'intérêt social ou le fonctionnement de la société ; qu'en ne montrant pas en quoi le fait de se maintenir dans un local après une décision d'expulsion serait contraire à l'intérêt social, la cour d'appel a privé sa décision de base légale à l'égard de l'article 1134 du Code civil.

répartition des bénéfices; à défaut d'une clause particulière sur ce point, la répartition se fait proportionnellement aux apports[100].

Généralement, il est attribué au commandité gérant un certain pourcentage des bénéfices, au titre de son apport à la société en commandite, et le surplus est réparti entre les autres associés, proportionnellement à leurs apports, le commandité étant le plus souvent aussi apporteur en capital.

Ainsi, les associés peuvent prévoir une répartition des bénéfices dans les statuts. Cette stipulation vient sécuriser l'évolution de la société et la situation des commandités, en cas d'augmentation du capital par l'afflux de commanditaires. Il n'y a pas de débat sur une éventuelle distribution de dividendes.

B/ La liberté de gestion des porteurs de projet assurée par la non-immixtion des commanditaires

L'investisseur a financé le projet avec son argent. Il souhaite donc savoir ce qui est fait de son argent dans la société, comment est gérée la société. Il veut aussi avoir son mot à dire si la gestion n'est pas bonne, comme cela il pourra remédier au problème.

Or, cette envie d'implication est très nettement limitée.

Sa qualité d'associé à responsabilité limitée interdit au commanditaire tout acte de gestion sociale : *« L'associé commanditaire ne peut faire aucun acte de gestion externe, même en vertu d'une procuration »*[101].

En cas de non-respect de cette interdiction, *« l'associé commanditaire est tenu solidairement avec les associés commandités, des dettes et engagements de la société qui*

---

100 C. civ., art. 1844-1.

101 C. com., art. L. 222-6

résultent des actes prohibés. Suivant le nombre ou l'importance de ceux-ci, il peut être déclaré solidairement obligé pour tous les engagements de la société ou pour quelques-uns seulement ».

Seuls les tiers ont qualité pour faire déclarer l'associé commanditaire, qui s'est immiscé dans la gestion externe de la société, solidairement responsable des engagements sociaux, sur le fondement de l'article L 222-6 du Code de commerce. Par suite, une demande formée en ce sens par les associés commandités et l'administrateur judiciaire de la société, mise en redressement judiciaire, est irrecevable[102].

La jurisprudence et la majorité de la doctrine s'accordent à voir la raison d'être essentielle de cette prohibition dans la protection de l'intérêt des tiers qui traitent avec la société. Il faut qu'aux yeux des tiers aucune confusion ne soit possible entre les deux catégories d'associés : commandités et commanditaires.

Un commanditaire ne doit pas se faire attribuer ostensiblement la qualité de gérant, soit par le statut, soit par une délibération des associés.

Le commanditaire peut aussi, par son attitude, se donner l'apparence d'un véritable cogérant et se comporter comme un gérant de fait ; ainsi lorsque toutes les affaires doivent passer entre ses mains, être étudiées et vérifiées par lui et qu'il traite directement la plupart d'entre elles[103] ou encore lorsqu'il intervient continuellement dans la direction de la société, qu'il s'occupe des détails de l'administration, dirige les travaux de la société, signe les lettres envoyées par elle, intente les actions lui incombant[104].

---

102 CA Grenoble, 6 janv. 2011 n° 09-1686, ch. com., Le Bobinnec c/ SCA Scapar.

103 Cass. req., 30 déc. 1907 : S. 1908, 1, p. 124.

104 CA Douai, 21 févr. 1861 : S. 1861, 2, p. 289.

Toute la difficulté que présente cette situation consiste donc à savoir quels actes exactement sont interdits au commanditaire et quels actes il peut légitimement accomplir sans encourir de responsabilité indéfinie. Deux principes doivent être posés.

- En premier lieu, il est seulement interdit au commanditaire de s'immiscer dans la gestion.

- En second lieu, s'agissant d'actes constitutifs d'immixtion, la discrimination des actes autorisés et interdits dépend du fondement reconnu à la prohibition. S'appuyant sur le principe de la protection nécessaire des tiers, la jurisprudence distingue entre gestion interne et gestion externe.

1. Actes non constitutifs d'immixtion dans la gestion : actes permis aux commanditaires

a. Avis et conseils

Ces actes *« ne constituent pas des actes de gestion externe au sens de l'article L. 222-6 »*[105].

En donnant des avis et des conseils sur la conduite des affaires sociales, le commanditaire exerce des prérogatives qui se situent en dehors de la gestion, tant interne qu'externe, la seule limite à leur exercice résidant, en principe, soit dans leur trop grande fréquence, soit dans leur caractère trop contraignant[106].

b. Actes de contrôle et de surveillance

L'associé commanditaire peut faire des actes de contrôle et de surveillance du gérant[107].

---

105 C. com., art. R. 222-2.

106 CA Dijon, 18 sept. 1941 : DA 1941, p. 333.

107 C. com., art. R. 222-2.

De même, les commanditaires qui, par délégation de l'assemblée générale, prennent des renseignements propres à éclairer la société sur l'utilité et l'importance des opérations subordonnées à l'autorisation préalable de cette assemblée, ne doivent pas être considérés comme s'étant immiscés dans la gestion de la société[108].

c. Participation aux délibérations

Sa qualité d'associé permet au commanditaire de participer aux actes qui nécessitent une délibération de l'ensemble des associés, même si ces délibérations peuvent être prises par une assemblée votant à la majorité[109]. Il en est ainsi de l'autorisation donnée au gérant d'accomplir certains actes excédant ses pouvoirs normaux alors que ces actes ne sont interdits qu'au gérant et non à la société elle-même[110] et que ces délibérations se rattacheraient, de plus ou moins près, à la gestion de la société[111]

Il en va de même de l'approbation donnée aux actes passés par le gérant afin de dégager sa responsabilité.

d. Contrats passés avec la société

On ne saurait considérer comme des actes d'immixtion dans la gestion les contrats passés par le commanditaire avec la société et dans lesquels, loin d'apparaître comme représentant de celle-ci, il joue le rôle de cocontractant de la société : sa qualité d'associé n'est nullement en cause et ne crée aucune confusion.

La jurisprudence admet que celui-ci peut se lier à la société par un contrat de travail et occuper, en principe, n'importe quelle fonction.

---

108 Cass. civ., 24 mai 1859 : DP 1859, 1, p. 242 ; S. 1859, 1, p. 918.

109 Cass. civ., 28 mai 1921 : D. 1924, 1, p. 214.

110 Cass. req., 9 juill. 1891 : DP 1894, 1, p. 173.

111 Cass. req., 23 mars 1846 : DP 1846, 1, p. 308.

De même, il n'y a pas immixtion lorsque le commanditaire effectue avec la société des opérations juridiques quelconques – achats ou ventes de marchandises – dans lesquelles il joue le rôle de cocontractant comme le ferait un étranger et, loin de se substituer au gérant, il s'oppose à lui.

Ne constituent pas non plus des actes d'immixtion les opérations commerciales dans lesquelles le commanditaire intervient comme personnage indépendant et distinct de la société, quoique dans l'intérêt de celle-ci ; ainsi, le commanditaire peut payer directement les créanciers sociaux.

2. Actes constitutifs d'immixtion : actes interdits aux commanditaires

Seuls, donc, sont interdits les actes qui mettent le commanditaire en rapport avec des tiers.

a. Gestion externe

Limitée à la protection des créanciers sociaux, la défense d'immixtion ne peut avoir pour objet que les actes susceptibles de mettre le commanditaire, représentant apparent de la société, en rapport avec eux, et qui sont de nature à tromper les tiers sur la qualité du commanditaire. Elle englobe, alors, tous les actes par lesquels le commanditaire a pris – ou laissé croire aux tiers qu'il a pris – la qualité de représentant de la société[112].

Il en est ainsi :

— de la cession du fonds de commerce de la société et de la représentation de la société à l'audience du tribunal statuant sur l'ouverture de la procédure de redressement judiciaire[113] ;

112 Cass. req., 7 août 1907 : DP 1907, 1, p. 463 ; S. 1907, 1, p. 336.

113 CA Poitiers, ch. civ., sect., 29 févr. 1999, *Juris-Data* n° 1999-115085.

— de l'intervention continuelle du commanditaire dans la direction de la société, qui intervient comme un gérant de fait.

— des achats et ventes de matériels réalisés par le commanditaire au nom de la société[114] ; un commanditaire commet un acte d'immixtion lorsque, présentant le gérant comme son ingénieur, il choisit lui-même, dans les ateliers d'un tiers, un matériel dont il dit avoir besoin pour l'usine[115] ;

— des démarches personnellement faites par le commanditaire pour trouver un banquier qui consente à escompter les papiers que le gérant a en portefeuille[116] ou pour obtenir d'un banquier un emprunt ;

Il n'est pas nécessaire que l'acte ait été conclu par le commanditaire : il suffit que ce dernier l'ait préparé, et que les tiers aient été, de ce fait, induits en erreur sur sa qualité[117].

Tous ces actes demeurent interdits, même s'ils sont faits en vertu d'une procuration[118].

On considère en général que cette prohibition s'applique, que la procuration émane des autres associés ou du gérant lui-même : le commanditaire ne doit pas avoir mandat d'agir au nom de la société, même pour un acte isolé.

b. Gestion interne

Au contraire, ne tombent pas sous le coup de la prohibition les actes qui ne mettent en cause que les associés et qui, n'ayant d'autre objet que de déterminer la direction à donner à l'activité sociale ou de favoriser son développement, peuvent être qualifiés d'actes de gestion interne.

---

114 Cass. crim., 13 mai 1882 : DP 1882, 1, p. 487.

115 CA Paris, 13 mars 1895 : Rev. sociétés 1895, p. 416.

116 CA Caen, 16 août 1864 : DP 1865, 2, p. 192 ; S. 1865, 2, p. 33.

117 Cass. req., 10 juill. 1900 : S. 1901, 1, p. 173 ; DP 1901, 1, p. 436.

118 C. com., art. L. 222-6, al. 1.

3. Sanction de la prohibition : déchéance du commanditaire de sa position d'associé à responsabilité limitée

L'investisseur, très impliqué dans la société, veut vérifier que son argent est bien utilisé, et les actes qui sont faits avec son argent.

Il trouve même que les actes qui mobilisent « son » argent ne sont pas bons. Pour lui, le gérant n'est pas à la hauteur, il gaspille. Il en est sûr, géré comme cela, le projet n'ira pas au bout et la société court à sa perte.

L'investisseur décide alors de se rapprocher d'un nouveau fournisseur pour acheter à meilleur prix. Associé de la société, il peut discuter avec le nouveau fournisseur, qui finit par livrer de la marchandise. Deux semaines plus tard, le fournisseur envoie sa facture à la société puisqu'il a livré de la marchandise. Il faut bien qu'il soit payé.

La société refuse de payer. Son gérant n'était même pas au courant de ce nouveau contrat, il ne l'a pas signé...

La société est-elle engagée ? Quelles sont les conséquences pour l'investisseur surimpliqué ?

En droit, l'investisseur a commis une faute.

Le commanditaire qui ne respecte pas la règle de non-immixtion dans la gestion de la société en commandite s'expose à un double degré de sanction[119] :

Lorsque le commanditaire n'a commis qu'un acte d'immixtion isolé, seul le tiers avec lequel il a passé l'acte peut invoquer la responsabilité du commanditaire pour les engagements pris[120]. Suivant le nombre ou l'importance de ceux-ci, le commandité peut être déclaré solidairement obligé

---

[119] C. com., art. L. 222-6, al. 2.

[120] Cass. req., 10 juil. 1900 : DP 1901 I p. 436.

pour tous les engagements de la société[121]. Tous les créanciers de la société peuvent, dans ce cas, se prévaloir de la responsabilité indéfinie et solidaire du commanditaire, qu'ils aient ou non traité directement avec lui[122].

Il résulte des dispositions légales que la société dans laquelle un commanditaire accomplit des actes de gestion n'est pas nulle.

De même, les actes de gestion externe interdits, accomplis par le commanditaire, ne sont pas nuls. La société reste engagée envers les tiers dès lors qu'ils entrent dans les pouvoirs conférés au gérant dans les rapports avec les tiers et même s'ils excèdent ceux attribués à la gérance par les statuts[123].

La seule sanction consiste donc dans la déchéance du commanditaire de sa position d'associé à responsabilité limitée : il se trouve engagé sur tous ses biens, dans une mesure plus ou moins grande selon les hypothèses, solidairement avec les commandités.

Il s'agit d'une sanction particulièrement dissuasive pour le commanditaire et très protectrice de la liberté de gestion du gérant commandité : dans notre cas, le porteur de projet.

1. Étendue de la responsabilité

a. Immixtions ponctuelles

En principe, le commanditaire n'est indéfiniment responsable que des conséquences des seuls actes passés par lui ; il répond seulement « *des dettes et engagements qui résultent des actes prohibés* »[124]. Cette responsabilité ne

---

121 C. com., art. L. 222-6, al. 2.

122 CA Grenoble, 6 janv. 2011, n° 09-1686, ch. com., Le Bobinnec c/ SCA Scapar.

123 C. com., art. L. 221-4 et L. 221-5, al. 1.

124 C. com., art. L. 222-6, al. 2.

remplace pas celle des commandités, car il ne s'agit pas de les protéger. Cette responsabilité se cumule avec elle, de telle sorte que le commanditaire est, pour les conséquences de ses actes, tenu solidairement responsable avec les commandités[125].

C'est là la sanction minimale ; elle est obligatoire, en ce sens que le juge ne peut décharger le commanditaire qui s'est ingéré de sa responsabilité personnelle[126].

Pour le commanditaire, la conséquence de son intervention sera ainsi équivalente à celle qui résulterait du cautionnement des engagements sociaux.

b. Aggravation de la responsabilité

Lorsque les actes de gestion accomplis sont nombreux et graves – essentiellement lorsque le commanditaire s'est comporté en gérant, de fait, de la société – il peut être déclaré responsable non seulement des engagements résultant des actes accomplis en violation de la prohibition, mais aussi de tous les autres engagements de la société qu'il n'a pas souscrits lui-même ou de certains d'entre eux, suivant le nombre ou l'importance des actes prohibés : le commanditaire qui avait voulu gérer était traité pour le tout comme un commandité.

Cette extension de la responsabilité est facultative pour les juges et dépend entièrement de son appréciation[127]. Ils en fixent la mesure selon les circonstances et les répercussions de l'activité du commanditaire sur l'ensemble de l'entreprise. Ainsi, quand ils restreignent aux seuls actes de gestion accomplis la responsabilité indéfinie du commanditaire, les juges constatent souvent le caractère isolé de ces actes et

---

125 C. com., art. L. 222-6, al. 2.

126 Cass. req., 10 juill. 1900 : S. 1901, 1, p. 173 ; DP 1901, 1, p. 436.

127 Cass. req., 10 juill. 1900, préc ; Cass. req., 7 août 1907 et 30 déc. 1907, préc. n° 43.

l'absence de toute publicité qui eût pu leur faire attribuer une portée plus large[128].

Au contraire, lorsqu'ils relèvent des circonstances qui donnent au commanditaire les apparences d'un véritable gérant ou cogérant, ils condamnent le commanditaire à payer solidairement avec l'associé-gérant tout le passif de la société – sanction redoutable.

c. Conséquences de la responsabilité

Le commanditaire qui s'immisce dans la gestion, soit qu'il effectue des actes isolés, soit qu'il se comporte en véritable gérant, se trouve accomplir des actes de commerce qui le rendent justiciable du tribunal de commerce, tout au moins à l'égard du tiers qui a contracté avec lui[129].

Il peut en être ainsi, en présence d'une immixtion caractérisée, de nature à faire croire aux tiers que le commanditaire avait la qualité d'un associé en nom tenu indéfiniment de tous les engagements sociaux[130] ; il faut alors que l'activité du commanditaire constitue une véritable gestion de fait et qu'elle recouvre tout à la fois la gestion externe et la prise en main des affaires internes de la société. Dans ce cas, l'associé commanditaire est considéré comme un commerçant.

Il peut donc faire l'objet d'une procédure collective (s'il est établi qu'à l'occasion de ces actes, il a confondu son patrimoine avec celui de la société), et également voir prononcer contre lui la faillite personnelle spécialement parce qu'il aura exercé une fonction de gérant, contrairement à une interdiction prévue par la loi.

---

128 Cass. req., 7 août 1907 : DP 1907, 1, p. 463 ; S. 1907, 1, p. 336.

129 CA Riom, 23 déc. 1897 : Rev. sociétés 1898, p. 469.

130 Cass. crim., 13 mai 1882 ; DP 1882, 1, p. 487 ; CA Paris, 1er mai 1890 : Rev. sociétés 1890, p. 370.

2 Bénéficiaires de la responsabilité indéfinie

a. Les tiers

Normalement, seul le tiers avec lequel a été passé l'acte prohibé peut se prévaloir de l'obligation du commanditaire au passif social[131].

Un autre créancier social ne pourrait pas invoquer le caractère indéfini de la responsabilité du commanditaire, même s'il avait eu connaissance de l'acte d'immixtion. La solution est indubitable pour les actes d'immixtion isolés ou qui ne font pas du commanditaire un commerçant[132].

Au contraire, quand le commanditaire s'est immiscé continûment et publiquement dans la gestion, se comportant ainsi en gérant, tous les créanciers peuvent engager sa responsabilité[133].

b. Les associés

En revanche, les autres associés ne peuvent pas se prévaloir de l'immixtion dans la gestion externe de la société et faire contribuer le commanditaire contrevenant au passif social au-delà de sa mise[134].

La situation est évidemment différente si le commanditaire s'est vu attribuer tacitement la gérance, soit dans l'acte de société, soit par une décision ultérieure des associés.

---

131 CA Grenoble, 6 janv. 2011 n° 09-1686, ch. com., Le Bobinnec c/ SCA Scapar.

132 Cass. req., 10 juill. 1900, DP 1901, 1, p. 436 ; S. 1901, 1, p. 173.

133 Cass. req., 30 avr. 1862, DP 1862, 1, p. 52 ; S. 1863, 1, 195.

134 CA Paris, 6 juill. 1865, DP 1866, 5, p. 443 ; S. 1866, 2, p. 219.

II– L'opportunité de recourir à la société par actions simplifiée pour protéger les fondateurs

Contrairement à la société en commandite qui prévoit une double catégorie légale d'associés, la société par actions simplifiée relève de la liberté contractuelle.

Le droit de révoquer les dirigeants s'exerce dans les conditions fixées par les statuts, ce qui signifie que les dirigeants peuvent se trouver dans une situation très protégée, plus proche de celle des associés gérants de commandite que de celle des administrateurs de société anonyme en particulier.

Certes, cette liberté a été relativisée par l'ordonnance du 30 mai 2014, qui impose l'application des certaines règles régissant les sociétés anonymes aux sociétés par actions simplifiée, en cas de levée de fonds par *crowdfunding* (sous le plafond).

Mais les fondateurs et actionnaires peuvent prévoir librement d'encadrer la prise de décision pour se protéger, en cas de venue de nouveaux actionnaires.

Ainsi, les statuts de la société par actions simplifiée peuvent encadrer les droits de vote comme la définition de la majorité.

A/ La protection des fondateurs par renforcement des modalités de décision

La protection du porteur de projet contre la prise de pouvoir des investisseurs consiste à renforcer ses pouvoirs d'actionnaires en adaptant les statuts. La liberté contractuelle dans les statuts permet de déroger au principe selon lequel les pouvoirs ou les droits de vote sont proportionnels à la quotité du capital détenu (à chaque action de même valeur nominale est attaché un droit de vote).

Mais toutes les adaptations sont possibles. Pour maîtriser les conditions d'adoption d'une décision collective, on peut jouer sur deux paramètres : la définition de la majorité requise et l'adaptation du droit de vote – cette dernière, plus complexe, étant peut-être moins usuelle que la simple majorité.

1. Adaptation des règles de majorité

Si les actionnaires peuvent adapter les règles de majorité des droits de vote, certaines doivent être prises à l'unanimité des actionnaires. La liberté n'est donc pas totale.

a. La modulation des règles de majorité

Aucun quorum n'est prévu pour l'adoption des décisions collectives. Il n'en est requis que conformément aux stipulations statutaires, qui peuvent évoluer entre absence de toute exigence de quorum et prescription de la présence de tous les associés pour la validité des délibérations.

Toutefois, lorsque l'unanimité est exigée par la loi, cela équivaut à imposer la participation de tous les associés à la décision : il s'agit bien là d'une unanimité de tous les associés, et non de ceux qui participent à la décision.

Pour les autres décisions, le quorum peut varier en fonction de l'importance des décisions ou diminuer sur deuxième ou troisième convocation.

L'exigence d'une majorité exprimée par rapport à la totalité des droits de vote est une alternative à l'exigence d'un quorum.

En principe, les statuts fixent librement la majorité requise pour adopter une décision. Les statuts déterminent les conditions auxquelles sont prises les décisions collectives. On peut donc librement définir les majorités requises pour la prise d'une décision[135].

En tout état de cause, la définition de la majorité ne peut se comprendre qu'en fonction des pourcentages de droits de vote détenus par les différents associés, en tenant compte de toutes les adaptations des droits de vote envisageables.

Les principales conditions de majorité sont les suivantes :

Le *vote à la majorité simple*, qualifiée (2/3, 3/4, 4/5...) ou à l'unanimité. La majorité peut être *relative ou absolue*, exprimée par rapport aux votants ou à la totalité des voix existantes. La majorité requise est *abaissée* pour éviter le blocage par une fraction des associés, ou au contraire *renforcée* pour assurer qu'une décision ne sera pas prise sans l'accord d'une certaine fraction des associés.

L'exigence de *majorités multiples* : au sein de la collectivité des associés, mais aussi au sein des différentes catégories d'actions pouvant exister. Ainsi, une décision peut être prise si elle recueille la majorité (simple ou renforcée) à l'assemblée générale et aux assemblées « spéciales » des titulaires d'actions de catégorie A, B, C.

En matière de *crowdfunding*, les porteurs de projet ont intérêt à prévoir au moins deux types de catégories d'actions. Ils se réservent ainsi une catégorie d'action leur assurant une majorité favorable.

Contractuellement, les porteurs de projet peuvent aboutir à une organisation dans les statuts aussi confortable pour eux que celle prévue par la loi pour la société en commandite.

b. La persistance de l'exigence d'unanimité

Par exception, l'unanimité est imposée par certains textes du droit des sociétés auxquels il n'est pas possible de déroger, ce notamment dans les cas suivants :

---

135 C. com., art. L. 227-9, al. 1 et 2.

— toutes décisions desquelles résulterait l'augmentation des engagements d'un associé ne peuvent être prises qu'avec son consentement[136] ;

— l'augmentation du capital, par augmentation du montant nominal des actions, ne peut être décidée qu'avec le consentement unanime des associés, sauf si elle résulte d'une incorporation de réserves[137] ;

— l'adoption du régime de la société à capital variable nécessite un accord unanime, dès lors qu'elle entraîne pour chaque associé qui se retire l'obligation de répondre pendant 5 ans, envers les associés et les tiers, des obligations existant lors de son départ[138] ;

— la transformation en SCA ou SCS ou SNC ou SC ;

—le transfert du siège social à l'étranger doit être décidé à l'unanimité des associés, même si aucun texte ne le prévoit, en raison du changement de nationalité qui en découle ; de plus, la loi sur les SAS elle-même impose l'unanimité en cas de modification des clauses statutaires relatives à la stabilité du capital de la SAS et à la cohésion de ses associés : clause d'inaliénabilité des actions pour une durée n'excédant pas 10 ans, agrément des cessions d'actions, clause d'exclusion ou de cession forcée et de suspension des droits non pécuniaires des associés, information en cas de changement de contrôle d'un associé, suspension de ses droits non pécuniaires et exclusion. L'unanimité est requise pour toutes ces décisions.

En outre, deux types de décision sont soumis à l'unanimité, mais seulement à titre supplétif, c'est-à-dire sous réserve de clauses statutaires contraires :

— en cas de liquidation de la SAS, la désignation du liquidateur s'exerce à l'unanimité. Néanmoins, dans ces deux

---

136 C. civ., art. 1836, al. 2.

137 C. com., art. L. 225-130, al. 2.

138 C. com., art. L. 231-6, al. 3.

cas, les statuts de la SAS peuvent valablement stipuler une clause dérogeant à cette exigence ;

— la prorogation de la durée de la société est décidée unanimement par les associés, sauf clause contraire des statuts[139].

2. Adaptation des droits de vote

La protection des porteurs contre le risque de dilution de leur participation et contre le risque de révocation, est surtout assurée par l'adaptation des droits de vote dans les statuts de la société.

Par exemple, les fondateurs pourront créer deux catégories de parts sociales : les unes permettant d'assurer le contrôle de la société en renforçant les droits de vote du porteur de projet, les autres seront allégées en termes de pouvoir, mais renforcées en termes de droit à rémunération.

Ce mécanisme met en place un décalage entre droits de vote et droit à rémunération attachés à chaque part.

Les porteurs de projet peuvent garantir un réel contrôle de la société et de la gestion de la société, tout en assurant une rémunération attractive aux investisseurs.

De ce point de vue, l'utilisation de la société par actions simplifiée par les porteurs de projet, dans une opération de *crowdfunding*, est très intéressante.

a. La modulation du droit de vote

Tout associé a le droit de participer aux décisions collectives[140]. Mais les conditions de cette participation ne sont pas réglées pour les sociétés par actions simplifiées. En

---

139 C. civ., art. 1844-6.

140 C. civ., art. 1844.

effet, le principe selon lequel le droit de vote est proportionnel à la quotité de capital détenue ne s'applique pas à la SAS[141].

La liberté contractuelle dans la rédaction des statuts est la règle.

Le plus simple et le plus fréquent, s'agissant d'une société par actions, consiste à décider qu'à chaque action est attaché un droit de vote. Dans une logique de *crowdfunding*, de multiples adaptations sont possibles jusqu'à la neutralisation des droits de vote. Ainsi, le porteur de projet peut réduire sa participation aux droits à rémunération au profit des investisseurs. Ces derniers voient en revanche leur pouvoir réduit.

En premier lieu, les actions à droit de vote multiple sont possibles[142]. À partir d'une règle de majorité donnée, il s'agit de majorer, dans le décompte des votes, les droits de certains associés pour leur assurer une meilleure représentativité dans la décision. Par exemple, un associé donné ou les titulaires d'une catégorie spéciale d'actions disposent d'un droit de vote double, triple ou quadruple leur conférant une minorité de blocage pour certaines décisions.

À l'inverse, on peut minorer le vote d'un associé (plafonnement, division) pour empêcher qu'il prenne seul certaines décisions. De manière plus agressive, une catégorie d'actionnaires peut utiliser une seule action qui conférerait la majorité des droits de vote. Le droit à rémunération des autres actionnaires serait alors majoré en compensation.

Les actions à droits de vote multiple (de même que toute action bénéficiant de droits particuliers par rapport aux autres actions, ou même, privée de certains droits par rapport à d'autres) entrent dans la catégorie des actions de

---

141 C. com., art. L. 225-122.

142 Cela résulte de la suppression des articles L. 225-122 à L. 225-125 du Code de commerce du régime légal des SAS (appl. C. com., art. L. 227-1).

préférence[143]. Il convient donc de respecter les règles de création de ces actions et de protection de leurs titulaires, prévues par ces articles.

En second lieu, d'autres adaptations des droits de vote peuvent être envisagées :

— les clauses de stage subordonnant le vote (ou modifiant le multiplicateur d'un vote multiple) en fonction d'une ancienneté dans la société, permettent de tempérer l'influence de nouveaux actionnaires ;

— le vote par tête : chaque associé ayant droit à une voix ;

— la limitation du nombre des voix dont dispose chaque associé (plafonnement) ;

— l'action spécifique (*golden share*) offrant à son titulaire un droit de veto ou d'ajournement sur certaines décisions : opération sur le capital, opération donnée (investissement, lancement d'un nouveau projet, emprunt), agrément d'un nouvel associé ;

— les actions de préférence sans droit de vote, qui ne peuvent représenter plus de la moitié du capital social de la SAS[144].

La volonté de protection des porteurs de projets contre un risque de dilution de leur participation peut être renforcée par la neutralisation du droit de vote des actionnaires investisseurs.

b. La neutralisation du droit de vote

Le porteur de projet peut opter pour des statuts prévoyant une catégorie de parts sociales avec un droit de vote réduit. Il empêche alors son investisseur de prendre des décisions qui entraveraient sa gestion. L'investisseur est d'accord avec la

---

143 Régies par les articles L. 228-11 à L. 228-19 du Code de commerce.

144 C. com., art. L. 228-11, al. 3.

réduction de son potentiel de vote. En contrepartie, il a un doit aux dividendes plus important. Il est gagnant.

La neutralisation peut être temporaire. En cas d'exclusion et de changement de contrôle, les droits non pécuniaires d'un associé de SAS (soit les droits de voter mais aussi d'être informé ou d'assister aux réunions d'associés ou de déclencher les procédures de contrôle) peuvent être suspendus par les statuts[145].

Les actions de préférence peuvent être assorties d'un droit de vote pouvant être suspendu pour une durée déterminée ou déterminable[146].

La neutralisation peut être définitive par la suppression du droit de vote. En principe, en effet, et sauf disposition légale, ce droit de vote à la qualité d'associé ne peut pas être totalement supprimé, même si la suppression limitée du droit de vote est nécessaire et peut être justifiée.

Tout associé a le droit de participer aux décisions collectives et de voter. Les statuts ne peuvent déroger à ces dispositions[147].

Tout associé a le droit de participer aux décisions collectives et d'y voter puisque l'article 1844 du Code civil prévoit cette prérogative fondamentale.

Les statuts peuvent donc librement répartir les droits de vote entre les associés et même prévoir que certains associés ne prendront pas part à certaines délibérations, du moment que celles-ci n'ont pas un caractère essentiel.

Le pouvoir de vote attaché à certaines actions ou utilisable par un associé peut être largement réduit. Ainsi, l'associé peut

---

145 C. com., art. L. 227-16 et L. 227-17.

146 C. com., art. L. 228-11, al. 2.

147 Cass. com., 9 févr. 1999, SCA du Château d'Yquem, Bull. Joly 1999, p. 566, note J.-J. Daigre.

exprimer un suffrage, mais sans influer en pratique sur le sens de la décision (clause de plafonnement).

Dans la perspective de mettre en pratique une telle organisation, sans priver l'associé du droit de voter, il pourrait être recommandé de prévoir dans les statuts que chaque associé dispose en tout état de cause d'au moins une voix pour toute décision collective des associés, et ce quel que soit le coefficient restrictif appliqué à ses droits de vote.

On peut sans doute aller plus loin et considérer que la suppression partielle du droit de vote d'un associé est admissible.

Les conditions de cette suppression seraient les suivantes :

• si elle est permanente, elle doit ne porter que sur certains types de décisions sociales et non avoir une portée générale ;

• si elle porte sur toutes les décisions, elle doit être limitée dans le temps ;

• dans tous les cas, une suppression du droit de vote ne peut être imposée à un associé sans qu'il ait adhéré au principe de ces restrictions ;

• enfin, de manière générale, la suppression du droit de vote ne doit pas être contraire à l'intérêt social.

Les statuts peuvent aussi prévoir des actions de préférence sans droit de vote. Elles ne peuvent pas représenter plus de la moitié du capital social dans une société fermée comme la SAS – les émissions qui ont pour effet de porter la proportion au-delà de cette limite pouvant être annulées.

La privation du droit de vote, caractéristique essentielle de ce type d'actions de préférence, n'est guère réglementée. Le droit de vote peut être aménagé pour un délai déterminé ou déterminable, il peut être supprimé à titre définitif ou pour une durée déterminée ou déterminable[148]. On peut donc jouer

---

148 C. com., art. L. 228-11, al. 2.

sur une gamme large allant de l'aménagement à la suppression du droit de vote, seule la suppression elle-même pouvant être définitive.

B/ La protection des investisseurs

Le porteur de projet peut être amené à augmenter le droit à rémunération attaché à certaines parts, pour compenser la réduction des pouvoirs des investisseurs.

Les droits pécuniaires des associés concernent leur participation aux profits (bénéfices et boni de liquidation) et aux pertes, mais aussi leurs droits sur le capital, notamment par le droit préférentiel de souscription.

Le porteur de projet module ainsi la répartition des prérogatives liées aux deux droits fondamentaux attachés aux parts sociales : pouvoir de prendre des décisions et droit à rémunération.

L'investisseur qui n'a pas vocation à gérer la société au niveau opérationnel est peu affecté par la réduction de ses droits : il participe toutefois aux assemblées, mais son pouvoir réel n'est que symbolique.

Le porteur de projet veut garder le pouvoir et le contrôle de sa société, même s'il est obligé d'y réduire sa participation, du fait de l'entrée de nouveaux associés qui diluent sa participation. Bref, l'arrivée dans la société d'associés bailleurs de fonds réduit potentiellement son pouvoir.

C'est pourquoi les statuts doivent aménager le principe de la proportionnalité des droits attachés aux parts sociales avec le niveau de la participation.

Faute de dispositions particulières relatives aux droits pécuniaires des associés, c'est le droit commun qui fixe leur régime[149].

Le principe selon lequel la part de chaque associé dans les bénéfices et les pertes se détermine proportionnellement à sa part dans le capital social s'applique à la société par actions simplifiée. Mais ce principe de proportionnalité n'est pas impératif et le droit commun autorise des adaptations. Cette liberté reste cependant relative, car il est encadré par certains principes généraux ainsi que par des lois spéciales.

1. Les adaptations possibles

Les statuts des sociétés par actions simplifiée peuvent organiser une différenciation des droits pécuniaires selon les associés ou par catégorie d'actions. Ainsi, les investisseurs peuvent obtenir un droit à rémunération renforcé et plus important que leur droit de vote.

S'ils sont attachés aux actions, ces droits trouvent leur fondement dans l'institution des actions de préférence assorties de droits particuliers de toute nature. Ces droits ne sont pas autrement définis. En matière de droits financiers préférentiels, on peut citer :

— le droit à un dividende prioritaire par rapport à celui attribué aux autres catégories d'actions (dividende préférentiel, éventuellement cumulatif, éventuellement calculé en pourcentage des apports dès lors qu'il ne s'agit pas d'intérêts fixes illicites[150] ; priorité sur la distribution d'un poste de réserve ou de prime d'émission) ;

---

149 M. Jeantin, Les associés de la société par actions simplifiée, Rev. sociétés 1994, p. 235, n° 39.

150 Cass. com., 27 sept. 2005, n° 02-14.009 F-D : RJDA 7/06 n° 777. Cette interdiction ne concerne que les rapports entre les associés et la société. Elle ne s'applique pas à la stipulation d'intérêts insérée dans une promesse de cession d'actions, qui oblige le seul

— le droit aux résultats d'une filiale ou d'une branche d'activité de la société («actions traçantes») ;

—le droit à une « prime de fidélité ». La majoration de dividendes pouvant être accordée à tout actionnaire inscrit au nominatif depuis deux ans au moins à 10 %[151] ;

— le droit à une répartition prioritaire du boni de liquidation. Le partage des capitaux propres subsistant au terme des opérations de liquidation est effectué entre les associés dans les mêmes proportions que leur participation au capital social. Conformément à la loi, les statuts peuvent déroger à cette règle par une clause fixant expressément des proportions différentes, mais seulement après remboursement du nominal des actions ;

— le droit à recevoir une part prioritaire du prix d'une cession éventuelle de la société, ou des actions attribuées en rémunération d'une absorption de la société. Quoique ces modalités de répartition du prix intéressent les associés, et non l'organisation de la société, il paraît admissible que de telles clauses soient insérées dans les statuts d'une SAS ;

— le droit de protection contre certaines pertes sociales. Un associé peut vouloir avant tout préserver la sécurité de son investissement, en obtenant une garantie de remboursement de son apport. Une clause, limitant les pertes d'un associé à une certaine somme, est licite[152].

Elle peut constituer un bon argument pour attirer et fidéliser l'actionnariat d'une société.

---

acquéreur, et non la société.

151 C. com., art. L. 232-14.

152 Cass. 1re civ., 16 oct. 1990, Bull. Joly 1990, p. 1029, § 330, note P. Le Cannu.

2. Les limites aux avantages pécuniaires concédés aux investisseurs

Une stipulation attribuant à un associé la totalité du profit ou l'exonérant de la totalité des pertes – ou une stipulation, à l'inverse, excluant totalement du profit un associé ou mettant à sa charge la totalité des pertes – est interdite[153].

La jurisprudence veille au maintien du risque dans la société. Dans la même logique, la distribution de dividendes fictifs est interdite. L'investisseur n'a droit à un dividende que si la société a réalisé un bénéfice distribuable.

De même, la stipulation d'un intérêt fixe ou intercalaire, qui devrait être payé à l'associé bénéficiaire, même en l'absence de bénéfices et de réserves libres, est interdite.

L'investisseur qui recherche une fixité de sa rémunération pourra privilégier un investissement par voie de prêt.

La société ne peut modifier les règles de répartition de ses bénéfices, ni amortir son capital, ni créer d'actions de préférence entraînant une telle modification ou un tel amortissement, à moins d'y être autorisée par les statuts ou par l'assemblée des titulaires de ces parts.

Sous ces mêmes réserves, la société peut néanmoins créer des actions de préférence, et concéder des droits à rémunération renforcés.

---

[153] C. civ., 1844-1, al. 2.

PARTIE 3 :

LE FINANCEMENT PARTICIPATIF FACE A L'AMBIGUÏTE DES CONTREPARTIES

Le *crowdfunding* s'apparente dans certains cas à la contribution de certains pour financer, sinon aider, un porteur de projet à le réaliser.

Cette contribution, aussi modique soit-elle, ne fait pas toujours l'objet d'une qualification juridique.

Finalement, les contributeurs transfèrent de l'argent via internet au porteur de projet, sans vraiment savoir ce qu'ils en attendent.

Ils sont animés par l'envie d'aider, de donner un coup de main. Certes, si le projet fonctionne, ils pourront peut-être en tirer avantage, mais si tel n'est pas le cas, cela n'a pas vraiment d'importance. Cette logique évoque assez spontanément un don, un cadeau : on donne sans contrepartie pécuniaire ou matérielle. Seul l'aspect humain semble compter.

Par exemple, certains contributeurs vont « donner » quelques dizaines d'euros pour aider un sportif passionné à faire une compétition, pour soutenir un projet humanitaire dans un pays sinistré.

Pourtant, le processus de ce don n'est pas si évident. Certes, le *crowdfunding* peut donner lieu à un don pur et simple. Le contributeur est uniquement animé par une intention libérale. Il n'attend rien, aucune contrepartie.

Mais, le *crowdfunding* donne lieu aussi à des situations plus ambiguës. L'ambiguïté vient systématiquement de la contrepartie que le contributeur reçoit, en échange de son soutien financier. À bien y réfléchir, la contrepartie est d'une certaine manière à l'origine du processus de *crowdfunding*. En effet, le porteur de projet tente d'améliorer l'attractivité de son projet pour attirer les contributeurs. Pour cela, il a bien compris que la recherche du don était un peu difficile sans contrepartie attractive. Il faut bien attirer le chaland, non ?

C'est ainsi que le porteur de projet va proposer à chaque contributeur de lui envoyer une photo ou un *tee-shirt* dédicacé, l'apposition du nom du contributeur sur la coque d'un bateau, ou sur la couverture d'un disque. De même, le nom du contributeur peut être associé explicitement à une œuvre humanitaire.

Plus la contribution sera importante, plus le contributeur aura une contrepartie importante.

Le porteur de projet tente évidemment d'encourager des contributions plus importantes pour espérer mobiliser des soutiens plus élevés.

À ce stade, la contribution touche progressivement le domaine de l'image : l'image du contributeur est associée au projet financé.

Juridiquement, cette contrepartie ambiguë ne peut être considérée comme un don pur et simple, il s'agit plus de mécénat ou de sponsoring.

Par ailleurs, lorsque le projet s'y prête, le porteur peut promettre une contrepartie pécuniaire. Ainsi, un artiste qui mobilise des soutiens financiers pour produire un disque ou publier un livre, promet une sorte d'intéressement aux ventes.

L'argent entre dans la danse.

Si l'argent est une contrepartie, nous avons définitivement quitté la sphère du don et de l'intention libérale.

Or, l'argent contre une rémunération suppose une logique d'investissement et requiert une qualification juridique pour appliquer un régime juridique et sécuriser le processus.

Pourtant, le cadre juridique peut faire défaut, souvent.

L'analyse de cette situation de contribution financière dans l'espoir d'un retour sur investissement débouche progressivement sur la notion de société. Elle implique un apport, l'espoir d'un gain, tout en acceptant l'idée de perdre son investissement, le tout dans un but commun.

Ainsi, d'une contrepartie ambiguë ressort peu à peu une société dont les conditions sont remplies. Le droit s'applique alors, mais pour s'imposer aux parties prenantes d'une opération de *crowdfunding* sans cadre juridique initial.

Cette imposition malgré eux présente un risque majeur pour les parties prenantes qui ne récoltent que les désavantages de leur investissement : la société non anticipée est un piège redoutable pour le porteur de projet comme pour l'investisseur. Chacun d'eux prend le risque de tout perdre.

CHAPITRE I :

LE FINANCEMENT PARTICIPATIF
SANS CONTREPARTIE EVIDENTE

Le *crowdfunding* est utilisé entre autres par des porteurs de projets humanitaires, à but non lucratif. Les plateformes de *crowdfunding* permettent de solliciter la générosité du public, sollicitation qui n'a pas de contrepartie évidente, pas de rémunération, par de retour mentionné dans un contrat. Le seul retour est humain.

En droit, les porteurs de projet sollicitent l'intention libérale, désintéressée du public. Il s'agit donc de solliciter des dons via la plateforme de *crowdfunding*.

Ce cadre désintéressé relève d'un régime juridique et fiscal très différent, selon la qualité du porteur de projet.

SECTION 1 :
Les dons libres

Le don libre existe dès lors qu'un bailleur de fonds souhaite participer au financement d'un projet, le plus souvent humanitaire, via une plateforme de *crowdfunding*. Dans ce cadre, il n'attend aucune contrepartie.

Son intention libérale est totale.

Au-delà de l'intention libérale, le régime juridique du don peut fortement varier en fonction tant du donateur que du bénéficiaire de la donation.

Si la donation relève en principe du formalisme notarié, le bailleur de fonds peut réaliser un don manuel sans notaire. Cependant, comment la réalisation d'une telle donation s'adapte-t-elle à l'internet ? Même s'il s'agit d'un don manuel, il faut, a minima, un accord formalisé.

Dans le cadre d'un don manuel, le régime est assez simple. Cette simplicité doit notamment être adaptée à la spécificité du *crowdfunding*, synonyme d'opération dématérialisée par le recours à internet.

I– La qualification des dons électroniques

Le *crowdfunding* par voie de don est particulièrement impacté par l'internet. Le don se réalise par internet. Pourtant, la logique juridique de la donation et de son échange de consentement existe toujours. Elle doit donc s'adapter à ce processus spécifique.

Ainsi, la donation consiste en un transfert électronique de fonds. Ce mode spécifique est qualifié de don manuel.

A/ Le transfert électronique[1]

L'Internet révèle une variété nouvelle de donations qui se manifeste, pour l'essentiel, au profit des associations caritatives, lesquelles peuvent solliciter la générosité publique en fournissant aux visiteurs de leur site la possibilité de consentir un « don en ligne ».

---

1 N. Peterka, Retour sur les dons électroniques, Rev. Dr. bancaire et financier n° 4, juillet 2004, dossier 100055, chron.

Ce dernier obéit à un mode opératoire identique à celui du paiement en ligne, si ce n'est qu'il n'intervient pas pour éteindre une obligation préexistante, mais pour concrétiser une intention libérale. Comme le paiement, le don se réalise par l'émission d'un ordre de « paiement »[2] résultant de la composition du numéro facial à seize chiffres d'une carte bancaire. Celle-ci déclenche la remise de la monnaie scripturale par l'intermédiaire des banquiers du donateur et du bénéficiaire. La communication du numéro d'identification de la carte vaut, ainsi, mandat donné à l'émetteur de payer la somme indiquée.

Le don en ligne apparaît donc comme la version Web du don par virement. Il n'est pas dénué pour autant de toute spécificité. S'agissant d'un paiement par carte, l'ordre est en principe irrévocable, avant même son exécution[3]. Cela signifie, en termes de libéralité, qu'il n'est pas nécessaire d'attendre l'exécution de l'ordre pour que la donation soit irrévocable[4].

B/ La qualification du don manuel

Même s'il apparaît dématérialisé en raison du recours à Internet, le don en ligne obéit à un formalisme nécessaire[5]. D'une part, il pourrait relever du formalisme authentique électronique[6].

D'autre part, il doit respecter le formalisme des donations atypiques comme le don manuel[7]. La jurisprudence reconnaît

---

2 C. Lucas de Leyssac et X. Lacaze. Le paiement en ligne, JCP G 2001, I, 302.

3 C. mon. fin., art. L. 132-2.

4 C. civ., art. 894.

5 N. Peterka, Les dons électroniques, *op. cit.*

6 V. C. civ., art. 1108-1, issu de la L. n° 2004-575, du 21 juin 2004, pour la confiance dans l'économie numérique.

7 N. Peterka, *op. cit.*

ainsi l'existence du don manuel par virement de compte, pour peu que ce dernier intervienne dans des conditions assurant une dépossession définitive et irrévocable du donateur[8].

Le don en ligne apparaît comme un nouveau développement du don manuel. Sa réalisation se confond avec le paiement en ligne. Ce paiement n'est pas là pour éteindre une obligation préexistante, mais pour concrétiser une intention libérale.

Comme le paiement, le don se réalise *via* l'émission d'un ordre de paiement résultant de la composition sur l'Internet du numéro facial à seize chiffres d'une carte bancaire. La communication du numéro de la carte déclenche le transfert de la monnaie scripturale, par l'intermédiaire des banquiers du donateur et du bénéficiaire. Elle vaut mandat donné à l'émetteur de payer la somme indiquée[9].

Le don en ligne apparaît, ainsi, comme une déclinaison *Internet* du don manuel par virement.

II – La preuve des dons électroniques – procédure de réalisation par internet

Dans le cadre du *crowdfunding*, le don est réalisé directement sur internet par un paiement via l'interface de paiement. L'environnement technique du don est bien différent du don manuel classique entre deux personnes. L'enjeu est alors de prouver l'existence d'un don par internet à savoir l'intention libérale du donateur et l'acceptation du don par le bénéficiaire pour parfaire l'opération libérale.

---

[8] Cass. 1re civ., 11 juill. 1960 : D. 1906, jurispr. p. 702, note P. Voirin. – Cass. 1re civ., 19 nov. 1996, D. 1997, somm. p. 365, obs. M. Nicod ; – Cass. 1re civ., 14 déc. 2004, D. 2005, p. 626 et s., note C. Noblot.

[9] C. Lucas de Leyssac et X. Lacaze, *op. cit.*, p. 478.

A/ La preuve du don

Le recours au don par internet marque l'éviction de la donation par acte notarié et de son formalisme probatoire.

Le *crowdfunding* développe ainsi un autre mode de preuve du don manuel, fondé sur le droit des biens, qui permet de prouver les transferts d'argent motivé par une intention libérale.

La jurisprudence recourt à la possession et à la présomption de propriété qui en résulte.

L'écrit se trouve évincé par les vertus probatoires de la possession[10]. La jurisprudence a transposé aux dons électroniques de monnaie scripturale le régime applicable aux donations de meubles. Elle applique la présomption fondée sur l'ancien article 2279 du Code civil[11]. L'extension de la règle « En fait de meubles, la possession vaut titre » profite non seulement aux dons de monnaie scripturale par virement[12], et par chèque[13]. Elle découle concrètement de l'inscription de la somme donnée au crédit du compte du bénéficiaire ou de la plateforme.

La loi du 13 mars 2000, et celle du 21 juin 2004 pour la confiance dans l'économie numérique, ont consacré l'écrit sous forme électronique, d'abord *ad probationem* puis *ad validitatem.* Au-delà de la faculté désormais reconnue aux parties de procéder à une donation électronique authentique dans la forme de l'article 931, il leur est loisible de rédiger un acte sous seing privé, électronique, pour constater les clauses

---

10 N. Peterka, *op. cit.*

11 Cass. 1re civ., 4 janv. 1956 : Bull. civ. 1956. 1. n° 10. Cass. 1re civ., 19 oct. 1983 : Bull. civ. 1983. 1, n° 241.

12 Cass. 1re civ., 30 mars 1999, D. 2000, somm. p. 457. obs. D.R. Martin Cass. 1re civ., 3 déc. 2002, RJPF févr. 2003, p. 27, obs. J. Casey.

13 Cass. 1re civ., 3 déc. 2002. Préc.

de la donation[14]. Celles-ci sont généralement désignées sous le terme de « pacte adjoint » au don manuel.

B/ La preuve de l'acceptation du don

Comme toute donation entre vifs, le don en ligne est soumis à l'acceptation du donataire[15], laquelle fige irrévocablement la libéralité.

En matière de *crowdfunding* et d'appel à la générosité publique, l'acceptation du don préexiste à la formation du don électronique sollicité par le futur donataire via la plateforme de *crowdfunding*.

SECTION 2 :
Les dons encadrés

Les porteurs de projet qui font appel au don dans le cadre du *crowdfunding* sont, souvent, porteurs d'un projet humanitaire au sens large : la structure au sein de laquelle le projet est réalisé est une association, structure naturelle pour ce type de projet. Le choix de cette structure nécessite le respect d'un régime juridique strict.

Selon la structure choisie par le porteur de projet qui sollicite des fonds, les règles sont très différentes et l'opération de *crowdfunding* est beaucoup plus encadrée. L'encadrement devient quasi systématique, dès lors que le porteur de projet fait appel à la générosité publique sur internet.

---

14 Conformément aux nouveaux articles 1316 et suivants du Code civil et au décret d'application du 30 mars 2001.

15 C. civ., art. 894 et 932.

I – L'encadrement strict de l'appel à la générosité publique par internet

La combinaison de l'appel à la générosité et de l'utilisation d'internet, inhérente au *crowdfunding*, soumet le porteur de projet à des obligations lourdes.

A/ Définition de l'appel à la générosité publique

Peuvent faire appel à la générosité publique les associations qui défendant une cause scientifique, sociale, familiale, humanitaire, philanthropique, éducative, sportive, culturelle ou liée à la défense de l'environnement.

La réglementation s'applique, dès lors que l'appel à la générosité publique est réalisé dans le cadre d'une campagne menée à l'échelon national, régional ou départemental, sur la voie publique ou par l'utilisation de moyens de communication.

Le *crowdfunding* focalise la problématique sur la question d'internet. L'appel à la générosité publique relève de la réglementation, dès lors que l'appel se fait par internet. Internet abolit toutes les frontières et découpages géographiques ou administratifs.

Ce principe est cohérent avec les règles de compétence juridictionnelles *rationae loci*, qui sont abolies pour les faits dommageables délictuels réalisés sur internet.

Une campagne réalisée par internet est présumée intéresser le niveau national. Cette déclaration précise les objectifs poursuivis par l'association et le compte d'emploi annuel des ressources collectées, qui peut être contrôlé par la Cour des comptes[16].

---

[16] L. n° 91-772, 7 août 1991 complétée par L. n° 96-452, 28 mai 1996.

B/ Les obligations incombant aux bénéficiaires

Les associations pouvant faire appel à la générosité publique doivent impérativement être déclarées en préfecture et sont astreintes à une obligation de transparence.

1 La production de comptes

a. Obligation de tenir des comptes

La loi du 1er juillet 1901 relative au contrat d'association n'édicte aucune obligation comptable, mais elle ne dispense pas pour autant les associations de tenir des comptes[17]. D'ailleurs, un plan comptable des associations a même été édicté à partir du plan comptable général[18].

Les associations ayant reçu des dons de personnes physiques ou morales sont soumises à une obligation de produire des comptes[19]. Les associations et fondations qui reçoivent un montant annuel de dons excédant 153 000 €[20] doivent, en effet, établir des comptes annuels comprenant : un bilan, un compte de résultat et une annexe, et assurer la publicité de leurs comptes annuels et, le cas échéant, du rapport du commissaire aux comptes.

Les associations soumises à des obligations comptables assurent la publicité de leurs comptes annuels et du rapport du commissaire aux comptes sur le site internet de la Direction des Journaux officiels[21]. Cependant, les associations reconnues d'utilité publique doivent tenir des registres et une comptabilité faisant apparaître annuellement

---

17 C. comptes, 15 juill. 1988, réf. 5207 : Rec. C. comptes 1998, p. 225.

18 Règl. n° 99.01, 16 févr. 1999 du comité de la réglementation comptable.

19 C. com., art., L. 612-4.

20 C. com., art. D. 612-5. – D. n° 2007-644, 30 avr. 2007, *Journal Officiel*, 2 mai 2007.

21 D. n° 2009-540, 14 mai 2009 portant sur les obligations des associations et des fondations relatives à la publicité de leurs comptes annuels : *Journal Officiel*, 16 mai 2009.

un compte d'exploitation, le résultat de l'exercice et un bilan ; elles sont tenues de conserver les pièces de comptabilité.

La question du *crowdfunding* intéresse immédiatement le financement des associations, car maints projets (humanitaires notamment) sont financés par la sollicitation de fonds émanant du public.

Les associations faisant publiquement appel à l'épargne en émettant des obligations sont soumises, en dehors de tous critères d'activité, aux obligations des associations exerçant une activité économique. Elles doivent établir chaque année un bilan, un compte de résultat et une annexe.

De même, les associations faisant des opérations commerciales ont la qualité de commerçant et sont soumises à la loi comptable et au plan comptable général dans les conditions de droit commun.

Les associations faisant appel à la générosité publique doivent tenir un compte d'emploi annuel des ressources collectées[22] et, depuis peu, établir un bilan, un compte de résultat et une annexe comprenant ce compte d'emploi annuel, avec les informations relatives à son élaboration[23].

Enfin, les associations recevant des dons ouvrant droit à un avantage fiscal pour un montant annuel excédant 153 000 € sont dispensées des obligations de publicité de ces dons et certification de leurs comptes et seulement assujetties aux règles générales de publication de comptes annuels comprenant un bilan, un compte de résultat et une annexe[24].

Par ailleurs, sont tenues de nommer au moins un commissaire aux comptes, les associations :

---

22 L. n° 91-772, 7 août 1991. – D. n° 92-1011, 17 sept. 1992.

23 Ord. n° 2005-856, 28 juill. 2005, art. 8.

24 C. com. art. L. 612-4.

— d’une certaine taille ayant une activité économique et dépassant, à la fin de l’année civile ou à la date de clôture de leur exercice social, deux des trois critères suivants : 50 salariés ; 3,1 millions d’euros de chiffre d’affaires hors taxe ; 1,55 millions de total de bilan[25] ;

— émettant des obligations[26] ;

— habilitées à faire des prêts[27] ;

— percevant une aide publique d’un montant total annuel supérieur à 153 000 €[28] ;

- recevant des dons du public ouvrant droit à un avantage fiscal, au titre de l’impôt sur le revenu ou de l’impôt sur les sociétés, d’un montant global annuel supérieur à 153 000 €.

- Forme et teneur des comptes

Les associations doivent se conformer aux règles et principes comptables généralement admis par la profession. Ces principes fondamentaux sont, par exemple, la permanence des méthodes comptables, l’exhaustivité dans la description des opérations comptables, l’interdiction de pratiquer la compensation entre recettes et dépenses, l’encadrement du recours aux provisions pour risques et charges ou de la constitution de réserves, etc.[29]

Le compte d’emploi des ressources recueillies par appel à la générosité publique doit aussi être établi selon des méthodes permanentes[30].

---

25 C. com. art. R. 612-1.

26 C. mon. fin., art. L. 213-15 ; C. com. art. L. 612-1.

27 C. mon. fin., art. L. 511-6 et R. 518-60.

28 C. com. art. L. 612-4.

29 C. comptes, 13 févr. 1989, réf. 5300, Rec. C. comptes 1989, p. 191. – C. comptes, 6 juill. 1990, réf. 5514 : Rec. C. comptes 1990, p. 215. – Rec. C. comptes 2002, p. 192, p. 214, p. 310.

30 C. comptes, 8 juill. 2004, Rapp. public particulier sur l'Association française contre les myopathies, Rec. C. comptes 2004, p. 269.

L'obligation de recourir à un commissaire aux comptes et la sincérité des informations données dans les comptes font l'objet d'un examen particulier[31].

Agents des services financiers et commissaires aux comptes des associations contrôlées sont déliés du secret professionnel à l'égard des magistrats et des rapporteurs des juridictions financières, à l'occasion des enquêtes que ceux-ci effectuent dans le cadre de leurs attributions. Pour les besoins des mêmes enquêtes, les magistrats, conseillers maîtres en service extraordinaire et rapporteurs peuvent exercer directement le droit de communication que les agents des services financiers tiennent de la loi[32].

b. Contrôle de la gestion

Il peut porter sur tous les aspects, mais concerne le plus souvent : le respect de l'objet associatif ; les instruments de gestion ; la gestion du personnel et du patrimoine immobilier et mobilier[33].

L'association doit respecter strictement son objet qui ne saurait subir aucune déviation[34].

Sa mission ne doit pas l'autoriser à accorder des prêts à des particuliers ainsi qu'à des commerçants ou artisans en infraction avec la loi bancaire[35]. L'association peut consentir des prêts sans intérêts, donc sans caractère onéreux, afin de ne pas heurter le monopole bancaire.

---

31 *Ibid.*

32 C. jur. fin., art. L. 140-4 et L. 241-2.

33 Pour une synthèse des observations de gestion sur les associations par les Chambres régionales, voir C. comptes, Rapp. public 2000, févr. 2001 ; le contenu des lettres d'observations définitives des Chambres régionales des comptes, p. 706.

34 C. comptes, L'association Les Genêts d'Or : Rapp. public 2003, p. 597. –

C. comptes, L'Association française des volontaires du progrès : Rapp. public 2005, p. 525.

35 C. comptes, 20 oct. 1988, Lettre du procureur général 8519 : Rec. C. comptes 1988, p. 229.

L'objet définit la destination des fonds. Le défaut de respect de cette destination expose l'association et ses gérants au délit d'abus de confiance.

- Gestion du personnel

La gestion du personnel est examinée sous le double aspect des statuts et des rémunérations. La part des charges de personnel dans les charges courantes est appréciée par le juge des comptes, qui peut critiquer le niveau des rémunérations s'il n'apparaît pas justifié par la nature des activités de l'association ou le montant de ses ressources. Il en est de même d'un effectif jugé trop important.

- Vérification de la situation fiscale

Les associations bénéficient d'un régime fiscal particulier sous certaines conditions. Leur situation fiscale peut être contrôlée, en liaison avec les services des impôts, et pour les diverses impositions auxquelles elles peuvent être assujetties.

Il sera en premier lieu vérifié que toutes les déclarations auxquelles les associations sont tenues auprès de l'administration fiscale sont bien effectuées, notamment en matière de salaires, indemnités, vacations, honoraires. Un défaut de déclaration est un motif de déférer des dirigeants devant la Cour de discipline budgétaire et financière[36].

L'impôt sur les bénéfices des sociétés est applicable aux associations au titre des profits de leur gestion patrimoniale et au titre des profits retirés de l'exercice d'éventuelles activités lucratives. Sur ce dernier point, le critère est le caractère désintéressé ou non de l'activité. La juridiction pourra chercher à déterminer si les conditions cumulatives de celui-ci sont bien remplies (une gestion désintéressée, excluant notamment tout profit matériel pour les dirigeants et les membres de l'association ; une réalisation des recettes non recherchée par des méthodes commerciales ; un

---

[36] C. jur. fin., art. L. 313-5.

réinvestissement des excédents de la gestion dans des conditions conformes à l'objet de l'association).

Une association est normalement assujettie à la taxe sur les salaires au titre des traitements, salaires, indemnités et émoluments payés. Elle peut toutefois en être dispensée si elle est assujettie à la taxe sur la valeur ajoutée (TVA) à raison de 90 % au moins de son chiffre d'affaires.

Les associations ne sont assujetties à la TVA qu'à raison des activités, prestations ou même cotisations qui relèvent d'une activité commerciale et ne sont pas rattachables à une gestion désintéressée. Il en est de même en ce qui concerne la taxe professionnelle.

La situation des associations peut également être vérifiée au regard d'autres impôts : la taxe foncière et d'habitation ; les droits d'enregistrement et de publicité foncière ; la taxe locale d'équipement ; la taxe d'apprentissage ; l'impôt sur les spectacles, jeux et divertissements, etc.

2. Le contrôle de la Cour des comptes

Le premier président de la Cour des comptes, après avis du procureur, peut décider d'opérer un contrôle. Ce n'est pas un contrôle d'opportunité mais de régularité de l'utilisation des dons. La sanction est relativement douce : insertions au rapport public de la Cour des comptes ; communications aux présidents des associations qui ont l'obligation de les transmettre à leur conseil d'administration et à l'assemblée générale lors de la première réunion qui suit.

a. Saisine d'office ou sur demande

Les associations faisant appel à la générosité publique sont contrôlées sur la base des déclarations de campagne nationale d'appel à la générosité du public envoyées au procureur général près la Cour des comptes par les préfets[37].

L'intervention du juge des comptes est facultative mais s'exerce de plein droit. La juridiction se saisit en général d'elle-même mais peut parfois répondre à une demande[38]. Une Chambre régionale ou territoriale peut, comme la Cour, se saisir d'office. Les cas de saisine d'office sont, donc, les plus fréquents.

Le contrôle est décidé après avis du ministère public, par le Premier président, pour la Cour, ou par le président de la Chambre régionale ou territoriale des comptes, sur proposition du président de la formation de délibéré concernée.

Pour les associations recevant des dons ouvrant droit à déduction fiscale, aucune procédure n'a été mise en œuvre, faute de dispositions réglementaires.

b. Notification du contrôle

Le contrôle est notifié pour les associations faisant appel à la générosité publique[39].

La décision, signée du Premier président ou du président de la Chambre régionale ou territoriale des comptes, désigne les rapporteurs chargés de l'enquête et est obligatoirement notifiée au dirigeant de l'association[40].

Pour la Cour, la notification précise aussi les exercices sur lesquels porteront les contrôles[41].

---

37 C. comptes, Rapp. public annuel 2007 : févr. 2008.

38 C. jur. fin., art. R. 142-1.

39 *Ibid.*

40 C. jur. fin., art. R. 133-4 et R. 241-2.

41 C. jur. fin., art. R. 133-4.

c. Procédure

Le contrôle d'une association s'effectue conformément aux règles de vérification applicables aux juridictions financières.

Les textes garantissent les droits des associations contrôlées :

— en précisant les pouvoirs d'investigation des rapporteurs, de droit commun[42] ou propres aux organismes faisant appel à la générosité publique[43] ;

— en ouvrant, pour les Chambres régionales, la faculté d'organiser un entretien préalable avec les dirigeants de l'association, en fin d'instruction et avant le dépôt du rapport[44] ;

— en prévoyant notamment que les observations définitives de la Cour des comptes peuvent être précédées d'une phase contradictoire, l'association recevant un relevé d'observations provisoires auquel elle adresse une réponse écrite qui peut être accompagnée d'une demande d'audition lorsque la Cour envisage de les publier[45] ;

- en soumettant l'adoption d'observations définitives par la Chambre régionale à l'envoi préalable obligatoire d'un rapport d'observations provisoires. Ce rapport appelle des réponses écrites et ouvre dans tous les cas un droit à audition préalable avant l'adoption du rapport d'observations définitives[46].

---

42 C. jur. fin., art. R. 141-1 à R. 141-4 et R. 241-1 à R. 241-7.

43 C. jur. fin., art. R. 142-2.

44 C. jur. fin., art. L. 241-8, R. 241-8 et R. 241-14.

45 C. jur. fin., art. L. 135-4 et R. 141-8.

46 C. jur. fin., art. L. 241-14.

La juridiction financière a, par ailleurs, le droit de convoquer les dirigeants de l'association en audition[47].

La communication des observations définitives sur les comptes et la gestion des associations contrôlées obéit aux règles de droit commun[48]. Lorsque l'association a vu sa gestion examinée par une Chambre régionale des comptes, son représentant légal doit communiquer au conseil d'administration le rapport d'observations définitives, qui devient alors communicable aux tiers.

Si l'examen de la gestion a été conduit à la demande motivée du préfet ou de l'autorité territoriale, le rapport d'observations définitives est également communiqué à l'auteur de la demande[49].

La communication des observations relatives à la générosité publique répond à des règles particulières, inspirées du droit commun mais insistant sur leur publicité : communication au conseil d'administration et à l'assemblée générale, transmission aux ministres intéressés et au parlement, publication quasi systématique[50].

---

47 C. jur. fin., art. L. 140-8 et L. 241-4.

48 C. jur. fin., art. R. 135-1 et R. 135-2, L. 241-11 et R. 241-2 1.

49 C. jur. fin., art. L. 241-10.

50 C. jur. fin., art. L. 135-2 et R. 136-2.

II– Limites des bénéficiaires en raison de leur structure d'exploitation

Le financement participatif par voie de don se heurte à de sérieuses limites. Elles tiennent à la nature du bénéficiaire. D'un côté, les associations ont en principe une capacité juridique réduite ne leur permettant pas de recevoir des donations. D'un autre côté, les dons reçus par les porteurs de projet particulier sont soumis à une fiscalité trop importante pour que le don reste un moyen de financement attractif.

A/ Les structures associatives exclues

1. Le défaut de capacité des associations déclarées pour recevoir des dons

En principe, l'association simplement déclarée n'a pas la capacité d'acquérir à titre gratuit qu'il s'agisse de recevoir des dons et des legs, sous peine de nullité absolue.

En revanche, elles peuvent recevoir d'une part, les dons manuels, c'est-à-dire effectués de la main à la main, sans passer par un écrit notarié (exemples : meuble, virement, chèque, titre au porteur... y compris provenant de collectes sur la voie publique), et d'autre part, les dons d'établissement reconnus d'utilité publique.

Les dons manuels sont licites, mais soumis à l'impôt. En effet, toutes les associations déclarées, quel que soit leur objet statutaire, peuvent encaisser librement des fonds privés sous forme de dons manuels qui, à raison de leur nature même, échappent au contrôle de l'Administration[51]. Il peut s'agir de

51 Rép. min. n° 82-814, 28 janv. 1985, JOAN Q 18 mars 1985, p. 1160.

versement en numéraire, par chèque ou par virement bancaire[52].

2. L'exception : les associations à but d'assistance et de bienfaisance et les associations reconnues d'utilité publique

Certaines associations échappent également à cette interdiction : les associations reconnues d'utilité publique et certaines associations à but unique d'assistance, de bienfaisance ou de recherche scientifique ou médicale... lorsqu'elles ont reçu une libéralité dans les conditions prévues à l'article 910 du Code civil.

Dans la même logique, les associations reconnues d'utilité publique peuvent recevoir des dons et des legs, dans les conditions prévues par l'article 910 du Code civil.

Les dispositions des articles 900-2 et suivants du Code civil, concernant les demandes de réduction des charges résultant d'une libéralité, peuvent être invoquées par les associations.

Cependant, les dons reçus par une association peuvent être frappés d'inaliénabilité. Il n'est pas rare que des associations se voient affecter des biens stipulés inaliénables. S'agissant des libéralités consenties aux personnes physiques, les clauses d'inaliénabilité ne sont autorisées que si elles sont temporaires et justifiées par un intérêt sérieux et légitime[53].

Cependant, ces dispositions ne s'appliquent pas aux libéralités consenties aux personnes morales[54]. Il a ainsi été jugé que viole l'article 900-1, alinéa 2 l'arrêt qui autorise une

---

52 Cass. com., 19 mai 1998, n° 96-16.252 : Bull. civ. 1998, IV, n° 16 ; CA Toulouse, 5 mai 1999, n° 96/03316, *Juris-Data* n° 1999-043447.

53 C. civ., art. 900-1, al. 1.

54 C. civ., art. 900-1, al. 2.

association à disposer des biens qui lui ont été apportés, au mépris d'une clause d'inaliénabilité restreignant sa liberté d'en disposer, au motif que ces aliénations avaient permis à l'association de continuer à fonctionner et correspondu à un intérêt plus important que celui pour laquelle la clause d'inaliénabilité avait été prévue[55].

Les libéralités sont librement acceptées par les associations. Cependant, si le représentant de l'État dans le département constate que l'association ne satisfait pas aux conditions légales exigées pour avoir la capacité juridique de recevoir des libéralités, ou qu'elle n'est pas apte à utiliser la libéralité conformément à son objet statutaire, il peut former opposition à la libéralité, la privant ainsi d'effet.

Les versements des particuliers et des entreprises sont effectués au profit des associations d'intérêt général de caractère philanthropique, éducatif, scientifique, social, humanitaire, sportif, familial, culturel ou concourant à la mise en valeur du patrimoine artistique, à la défense de l'environnement naturel ou à la diffusion de la culture, de la langue et des connaissances scientifiques françaises. Ces versements peuvent être déduits, dans certaines limites, de leur impôt ou de leur bénéfice imposable.

B/ L'obstacle de la fiscalité des dons

Les dons faits au profit de particuliers porteurs de projet sont considérés comme des dons à des tiers. Ils sont très lourdement taxés.

Toutefois, le financement de certaines associations par voie de dons sont fiscalement privilégiés.

---

55 Cass. 1re civ., 23 janv. 2008, n° 06-16.120, *Juris-Data* n° 2008-042509 ; JCP G 2008, IV, 1340 ; JCP G 2008, II, 10107 ; JCP N 2008, act. 229 ; Dr. sociétés 2008, comm. 145 ; Dr famille 2008, comm. 44 ; Defrénois 2008, p. 971, note Ph. Malaurie.

1. Le niveau prohibitif des droits de mutation à un tiers

La donation à un tiers peut apparaître le principe dans le cadre du *crowdfunding*. La fiscalité des droits de mutation est alors fixée à 60 % des sommes données. Ce niveau de fiscalité applicable à certains projets recourant au *crowdfunding* est prohibitif.

2. Une fiscalité incitative des dons au profit de certaines associations

Ouvrent droit à une réduction d'impôt sur le revenu, égale à 66 % de leur montant, les sommes prises dans la limite de 20 % du revenu imposable qui correspondent à des dons et versements effectués par les contribuables domiciliés en France, au profit de[56] :

a) fondations ou associations reconnues d'utilité publique ;

b) œuvres ou d'organismes d'intérêt général ayant un caractère philanthropique, éducatif, scientifique, social, humanitaire, sportif, familial, culturel, ou concourant à la mise en valeur du patrimoine artistique, notamment à travers les souscriptions ouvertes pour financer l'achat d'objets ou d'œuvres d'art destinés à rejoindre les collections d'un musée de France accessibles au public, à la défense de l'environnement naturel ou à la diffusion de la culture, de la langue et des connaissances scientifiques françaises.

Le régime fiscal du mécénat en faveur des associations et des fondations reconnues d'utilité publique est incitatif. Ainsi, les particuliers donateurs bénéficient d'un régime unique de réduction d'impôt égal à 60 % du montant de la donation, dans la limite unique de 20 % du revenu imposable.

---

56 CGI, art 200.

Quant aux entreprises donatrices, elles bénéficient d'un régime unique de déduction fiscale limitée à 5 pour mille de leur chiffre d'affaires et plafonné à 60 % du montant des versements effectués. De plus, les dons manuels sont désormais exonérés de droits de mutation.

La loi institue également une franchise de droit de mutation dans les six mois à compter du décès du *de cujus* pour les legs faisant l'objet d'un don de la part des héritiers. L'abattement spécial accordé aux fondations reconnues d'utilité publique et portant sur l'ensemble de l'impôt sur les sociétés passe de 15 000 € à 50 000 €.

CHAPITRE II :

LE FINANCEMENT AVEC CONTREPARTIE : RECHERCHE DU CARACTERE ONEREUX DES CONTRATS

Le *crowdfunding* donne lieu à des situations plus ambiguës que le don pur et simple, lorsque la contrepartie se glisse dans la partie.

Rappelons que cette ambiguïté vient systématiquement de la contrepartie que le contributeur reçoit en échange de son soutien financier. À bien y réfléchir, la contrepartie est d'une certaine manière à l'origine du processus de *crowdfunding*. En effet, le porteur de projet tente d'améliorer son offre, l'attractivité de son projet pour attirer les contributeurs. Pour cela, il a bien compris que la recherche du don était un peu difficile sans contrepartie attractive. Il faut bien appâter le chaland, non ?

C'est ainsi que le porteur de projet va proposer à chaque contributeur de lui envoyer une photo ou un *tee-shirt* dédicacé, l'apposition du nom du contributeur sur la coque d'un bateau, ou sur la couverture d'un disque. De même, le nom du contributeur peut être associé explicitement à une œuvre humanitaire, à un projet.

Plus la contribution sera importante, plus le contributeur aura une contrepartie importante. Le porteur de projet tente d'encourager des contributions plus importantes pour espérer mobiliser des soutiens plus élevés.

À ce stade, la contribution touche progressivement le domaine de l'image : l'image du contributeur est associée au projet financé.

Juridiquement, cette contrepartie ambiguë ne peut être considérée comme un don pur et simple, il s'agit plus de mécénat. Toutefois, lorsque la contrepartie en termes d'image est plus importante, la *crowdfunding* embrasse le domaine du sponsoring.

Par ailleurs, lorsque le projet s'y prête, le porteur peut promettre une contrepartie pécuniaire. Ainsi, un artiste qui mobilise des soutiens financiers pour produire son disque ou publier son livre, promet une sorte d'intéressement aux ventes.

L'argent entre dans la danse.

Si l'argent est une contrepartie, nous avons définitivement quitté la sphère du don et de l'intention libérale.

Or, l'argent contre une rémunération suppose une logique d'investissement et requiert une qualification juridique pour appliquer un régime juridique et sécuriser le processus.

Pourtant, le cadre juridique peut faire défaut, souvent.

L'analyse de cette situation de contribution financière dans l'espoir d'un retour sur investissement débouche progressivement sur la notion de société. Elle implique, un apport, l'espoir d'un gain, tout en acceptant l'idée de perdre son investissement et le tout dans un but commun.

Ainsi, d'une contrepartie ambiguë ressort peu à peu une société dont les conditions sont remplies. Le droit s'applique alors, mais pour s'imposer aux parties prenantes d'une opération de *crowdfunding* sans cadre juridique initial.

Cette imposition malgré eux, présente un risque majeur pour les parties prenantes qui ne récoltent que les désavantages de leur investissement : la société non anticipée est un piège redoutable pour le porteur de projet comme pour l'investisseur. Chacun d'eux prend le risque de tout perdre.

SECTION 1 :
La contrepartie en termes d'image

Un bailleur de fonds peut contribuer au financement d'un projet sans poursuivre d'emblée un but lucratif, au titre d'une aide, d'un don ou encore d'une contribution humanitaire, par exemple rénover une école dans un pays en développement ou un monument, financer une équipe sportive (rallye, tour de France à la voile, etc.).

Il est vrai que, d'emblée, on ne décèle pas de contrepartie, on ne voit que le don de soi, le don de son argent pour aider... tout simplement. Pourtant, derrière notre *a priori*, une contrepartie existe, quasi insidieuse, tapie dans le projet, dans l'offre sur la plateforme de *crowdfunding*. Cette contrepartie s'entend de l'association de l'image du contributeur au projet. Cette association est plus ou moins flagrante : elle va de la mention du nom du contributeur au bas d'une affiche annonçant la réfection d'un édifice à l'apposition d'une marque sur une voiture ou une voile de bateau.

Ainsi, la contrepartie en termes d'image est très variable sur la matrice de la contrepartie. De sa situation plus discrète ou totalement flagrante, l'image va déterminer la qualification juridique du contrat utilisé dans tel ou tel projet participatif. Tantôt, l'image sera minime, totalement disproportionnée par rapport au montant de la contribution du bailleur de fonds. Alors, le don initial devra être qualifié de mécénat. Tantôt, l'image sera flagrante, immense, distinctive, proportionnée par rapport au montant de la contribution du bailleur de fonds. Alors, le don initial sera qualifié de paiement en contrepartie d'un contrat de *sponsoring*.

Le mécénat reste malgré tout une opération désintéressée, alors que le *sponsoring* est une opération commerciale pour laquelle un agent économique paye pour valoriser son image.

Dans le cadre du *crowdfunding*, ce n'est pas nécessairement le contributeur qui précipite la qualification de *sponsoring*. Le porteur de projet peut en être l'initiateur en surenchérissant sur la contrepartie d'image pour attirer l'investisseur. De la surenchère du porteur de projet, à la somme proportionnée mais néanmoins modeste de la contribution, le contrat embrasse le domaine du contrat de sponsoring.

L'analyse de l'intensité de la contrepartie d'image dévoile la nature du contrat de mécénat ou de sponsoring. Pourtant, de l'une ou l'autre des qualifications, l'enjeu est principalement fiscal.

Schématiquement, le mécénat est une opération à but non lucratif échappant aux impôts commerciaux. Le sponsoring est une opération lucrative, commerciale relevant des impôts commerciaux dont la Taxe sur la valeur ajoutée. Cet enjeu est d'autant plus fort que les parties prenantes n'ont pas conscience de leur situation juridique et fiscale. Elles pensent souvent, à tort, rester dans la sphère du don.

I – Mécénat

A/ Définition du mécénat

Le mécénat est une aide (sous forme d'argent, de biens ou de services) sans contrepartie. Le mécène entend par son action apporter son soutien à une association et valoriser ainsi son image. Mais la contrepartie doit être non quantifiable et non disproportionnée par rapport à la dépense du mécène. En effet, elle ne doit pas pouvoir être considérée par les services fiscaux comme une prestation de services. L'association conserve alors son caractère désintéressé et l'entreprise donatrice a droit à une déduction fiscale. Si l'association est sectorisée, il faut qu'elle affecte ses ressources au secteur non lucratif.

B/ Fiscalité du mécénat

L'association précise que le nom de l'entreprise peut, par exemple, être mentionné sur les panneaux dans un stade où jouerait l'association sportive bénéficiaire, sur les *t-shirts* de l'équipe, à l'entrée d'une salle de spectacle ou sur les programmes. Mais les activités sponsorisées ne peuvent être pratiquées qu'en amateur. Si les membres de l'association participent à des manifestations ayant une certaine importance, une visibilité relativement grande (manifestations sportives de nature professionnelle, spectacles professionnels...), les sommes perçues au titre du mécénat sont considérées comme des recettes publicitaires, donc comme une activité lucrative.

Le don, par essence sans contrepartie, constitue pour l'association une recette située en dehors du champ d'application des impôts dits « commerciaux » (TVA, impôts sur les sociétés, taxe professionnelle, etc.).

Les dépenses de cette nature constituent, en principe, un emploi du bénéfice et ne sont donc pas déductibles. Toutefois les entreprises sont autorisées à déduire ces dépenses du montant de leur bénéfice dans certaines conditions et limites.

Enfin, la loi développe la réduction d'impôt sur les sociétés pour les entreprises imposées qui opèrent des versements en faveur de l'achat de biens culturels présentant le caractère de trésors nationaux, en l'étendant aux biens culturels dont l'acquisition présenterait un intérêt majeur pour le patrimoine national du point de vue de l'histoire, de l'art ou de l'archéologie. Les initiateurs d'une opération de mécénat sont autorisés à faire connaître leur participation par voie de parution écrite dans les documents diffusés à l'occasion de cette opération.

II – Parrainage (*sponsoring*)

A- Définition du parrainage

Le parrainage (ou *sponsoring*) constitue un échange à titre onéreux : le parrain verse de l'argent ou fournit un bien ou un service à l'association en échange d'une prestation de communication ou de publicité de la part de celle-ci. Le parrain attend donc en contrepartie de son soutien des retombées directes (en termes d'image) et à court terme, proportionnelles à son investissement. De son côté, l'association joue vis-à-vis du parrain le rôle d'une agence de communication.

Le *sponsoring* a des conséquences économiques et publicitaires pour l'entreprise bienfaitrice : son nom, sa marque, son message vont être largement diffusés lors des manifestations de l'association, dans son local, sur son papier à lettres, dans les brochures, etc., espaces publicitaires qu'elle a acquis auprès de l'association par son parrainage. Le *sponsor* peut déduire de ses résultats imposables l'intégralité des dons effectués dans son « intérêt direct ». Il faut, pour cela, qu'ils soient assimilables à des charges d'exploitation, justifiés par rapport à l'ampleur de la campagne et déduits de l'actif de la société.

L'association est considérée comme prestataire de services rendus au *sponsor* (à l'inverse du mécénat). Si l'aspect commercial de l'action devient trop important, il peut modifier son statut fiscal et la soumettre aux impôts commerciaux.

B- La fiscalité du *sponsoring*

1. La fiscalité des recettes de *sponsoring* pour le porteur de projet

Le parrainage rémunère en revanche une prestation de publicité ou de communication rendue par l'association au profit de l'entreprise *sponsor*. La somme d'argent encaissée par l'association ou la valeur du bien ou du service fourni par l'entreprise constitue, dès lors, une recette à caractère économique ou commercial. Elle doit donner lieu à l'établissement par l'association d'une facture qui comportera, en principe, de la TVA.

En outre, cette recette entre également dans le champ d'application des autres impôts commerciaux, tels que l'impôt sur les sociétés et la taxe professionnelle. Ces impositions ne seront évitées que si l'association démontre sa non-lucrativité, sur le fondement de la démarche en trois étapes préconisée dans l'instruction fiscale de septembre 1998, et si elle réunit les conditions d'exonération prévues par le Code général des impôts.

L'activité de parrainage peut également échapper aux impôts commerciaux si elle contribue ou figure au nombre des activités lucratives accessoires de l'association, lorsque les recettes correspondantes n'excèdent pas 38 €.

2. La déductibilité des charges de parrainage

a. Champ d'application : nature des dépenses admises en déduction

Les dépenses mentionnées au 7° du 1 de l'article 39 du CGI s'entendent des dépenses engagées dans le cadre de manifestations de caractère philanthropique, éducatif, scientifique, social, humanitaire, sportif, familial, culturel ou concourant à la mise en valeur du patrimoine artistique, à la défense de l'environnement naturel ou à la diffusion de la culture, de la langue et des connaissances scientifiques françaises.

Il convient d'entendre par « manifestations » l'ensemble des opérations ponctuelles auxquelles l'entreprise peut participer mais également toutes les opérations de parrainage à plus long terme, à caractère pluriannuel ou continu.

Les dépenses engagées dans le cadre d'opérations de parrainage sont destinées à promouvoir l'image de marque de l'entreprise. Les dépenses qui entrent dans le champ d'application du 7° du 1 de l'article 39 du CGI comprennent, notamment, les :

— versements effectués au profit des organisateurs des manifestations parrainées par l'entreprise (associations, clubs, comités, etc.) ;

— charges et frais de toute nature supportés à l'occasion de ces manifestations, résultant, par exemple, de la mise à disposition de moyens techniques ou de personnel ;

— rémunérations ou remboursements de frais versés à des personnalités du monde sportif, culturel ou artistique qui participent directement aux actions mentionnées au 7° du 1 de l'article 39 du CGI.

Une solution identique est retenue pour l'amortissement excédentaire des voitures particulières acquises par l'entreprise, spécialement équipées pour faire des courses automobiles et affectées de manière durable et exclusive à cet usage.

b. Conditions de déduction

Les dépenses de parrainage doivent satisfaire les conditions générales de déductibilité des charges.

Le 7° du 1 de l'article 39 du CGI prévoit que les dépenses de parrainage engagées par les entreprises sont déductibles pour la détermination de leur résultat fiscal, lorsqu'elles sont exposées dans l'intérêt direct de l'exploitation. Cette condition est considérée comme remplie, lorsque :

— l'identification de l'entreprise qui entend promouvoir son image de marque dans le cadre du parrainage est assurée, quel que soit le support permettant cette identification (affiche, annonce de presse, effet médiatique...) ;

— les dépenses engagées sont en rapport avec l'avantage attendu par l'entreprise. Celle-ci doit être en mesure de justifier que les charges supportées à l'occasion d'une action de parrainage ne sont pas excessives par rapport à l'importance de la contrepartie attendue.

SECTION 2 :
D'une contrepartie quasi lucrative à la révélation de société créée de fait

Dans la logique des situations de faits tendant à solliciter des fonds pour financer un projet, l'analyse de certains cas de *crowdfunding* met en lumière le processus suivant : mise en commun de moyens pour réaliser un projet commun précis, dans la perspective d'obtenir entre autres un avantage souvent financier.

L'esprit de lucre et la perspective de gain de l'investisseur est bien réel : il finance certes, mais il espère un retour sur investissement aussi minime soit-il. Le corollaire de cet investissement est le risque que le projet ne réussisse pas et que l'investissement soit perdu.

Par exemple, un artiste souhaite trouver des fonds pour produire un album de chansons. Il a le talent, les chansons et l'envie du succès. Il sollicite alors une plateforme sur internet lui permettant de trouver des bailleurs de fonds prêts à investir des fonds en pariant sur le succès commercial de l'artiste. De deux choses l'une :

—soit l'artiste reste anonyme et son album ne se vend pas. Alors les bailleurs de fonds qui auront permis de produire son album n'auront pour retour que la satisfaction d'avoir soutenu un artiste. Pour autant, ils n'auront pas de retour financier et ne pourront même pas récupérer leur capital initial ;

—soit, au contraire, l'artiste devient une star, son album est disque de diamant et ils ont un retour sur investissement extraordinaire. Ils auront la satisfaction d'avoir participé au succès de l'artiste et d'avoir fait un bon placement.

L'artiste, fort de son succès, est heureux d'avoir mis en commun son talent, son succès, ses chansons.

Dans ce cas de figure, connu sur internet, les parties prenantes n'ont pas vraiment encadré juridiquement leur *« petite entreprise »*. Ainsi, hors cadre juridique, l'artiste perçoit ses droits, garde la propriété des chansons, car il est l'auteur, c'est bien normal. Il reverse, selon une sorte de ratio, une partie de ses gains à ceux qui lui ont fait confiance, c'est encore bien normal.

L'analyse juridique de ces cas, souvent à l'occasion d'un problème, fait immédiatement écho aux éléments constitutifs d'une société, à savoir : l'apport, l'*affectio societatis* et la contribution aux gains et aux pertes.

L'avantage de la société est de créer une personne juridique distincte de celle de ses associés, de ses fondateurs. La société a une existence propre avec son propre patrimoine, ses propres risques. Cette personne juridique distincte obéit à une multitude de règles spécifiques qui sont autant de protection pour les associés, protégés par son existence distincte.

Cependant, cet avantage est subordonné à une condition : l'immatriculation au registre du commerce et des sociétés de la société qui double alors le contrat de société d'une personne morale distincte, la Société.

En matière de *crowdfunding*, et faute d'autre cadre juridique clairement identifié, les parties prenantes se comportent, souvent malgré elles, comme des associés sans immatriculer la société. C'est le cas de notre artiste. Cette problématique sera révélée en cours de projet ou à l'occasion de difficultés, rappelant ainsi la situation des concubins dont la relation peut être a posteriori qualifiée de société.

Cette situation relève d'un régime juridique spécifique mais finalement redoutable pour les parties prenantes.

I– L'existence d'une société

Le processus de *crowdfunding*, en dehors de toute qualification juridique préalable régissant la relation entre les parties prenantes, révèle un processus connu : la mise en commun de moyens pour réaliser un projet commun précis, dans la perspective d'obtenir entre autres un avantage souvent financier.

Ce processus fait écho aux critères de la société.

Cependant, faute d'être immatriculée au registre du commerce et des sociétés, la société n'acquiert jamais la personnalité morale, distincte de celle de ses membres, fondateurs, associés.

A/ L'existence d'un contrat de société

L'article 1832 du Code civil dispose que *« la société est instituée par deux ou plusieurs personnes qui conviennent par un contrat d'affecter à une entreprise commune des biens ou leur industrie en vue de partager le bénéfice ou de profiter de l'économie qui pourra en résulter »*. Elle peut être instituée, dans les cas prévus par la loi, par l'acte de volonté d'une seule personne.

Les associés s'engagent à contribuer aux pertes. Une société existe, dès lors que sont combinés *affectio societatis*, mise en commun d'apports, répartition des bénéfices et des pertes.

En dehors de toutes autres qualifications juridiques, le *crowdfunding* peut répondre à l'ensemble de ces critères : les investisseurs comme le porteur de projet mettent en commun un actif, des fonds pour les uns, un projet, un talent pour les autres, en vue de réaliser un projet commun. S'ils participent à ce projet pour obtenir un retour sur investissement, ils en acceptent aussi le risque, celui de perdre leur apport.

La question de l'apport est la plus simple : les investisseurs apportent le plus souvent des fonds, un apport en numéraire, quel qu'en soit le montant. Le porteur de projet apporte un bien mais le plus souvent un savoir, une compétence, son talent, ses droits d'auteur. Il est la cheville ouvrière du projet. Elle procède alors à un apport en nature ou en industrie.

Le contrat de société n'est révélé que si l'apport est combiné à une contribution au risque de gain et de perte et que l'*affectio societatis* existe.

1. La contribution au risque de gain et de perte

Au-delà de l'enjeu humain et psychologique de participation à un projet, les parties prenantes à un projet financé par voie de *crowdfunding* espèrent un gain, que le projet génère des fruits. L'esprit de lucre est un pendant de l'investissement.

Le corollaire de l'espoir de gain est le risque de perdre son investissement qui pourra être perdu dans le projet moribond sans espoir de le récupérer.

Par définition, la participation à un tel projet – faute de cadre juridique prédéfini, comme un contrat de prêt, un contrat formel de société, la réalisation de la perte ou du gain – n'est pas assurée.

Le participant a donc une participation au gain avec un risque de perte. La condition légale est remplie.

À cet égard, les porteurs de projet pourraient être tentés, pour attirer les investisseurs, de garantir un rendement a priori indépendamment de l'efficacité du projet. Une telle garantie promet de rassurer l'investisseur de financer le projet : elle peut être déterminante à l'investissement puisque, par définition, elle réduit, sinon neutralise le risque de perte.

Cette démarche, efficace d'un point de vue marketing, heurte le principe d'interdiction des clauses léonines. Il s'agit des clauses qui assurent un gain ou qui neutralisent le risque de perte des associés. La société doit rester une sphère de risque dans laquelle ni le gain, ni la perte ne sont prédéterminés. Le risque doit préexister et perdurer à peine de nullité de l'engagement.

2. L'existence de l'*affectio societatis*

La volonté de participer à un projet financer par le *crowdfunding* met aussi en lumière un critère de la société : l'*affectio societatis*, à savoir la volonté de collaborer, de participer à la réalisation d'un projet.

L'*affectio societatis* est un élément essentiel du contrat de société, au même titre que la mise en commun des apports et la participation aux bénéfices et aux pertes. La Cour considérait qu'*« aux termes de l'article 1832 du Code civil, le contrat de société exige, comme conditions essentielles de sa formation, l'intention des parties de s'associer, des apports réciproques faits en vue de la constitution d'un fonds social et la participation de chacun des associés aux bénéfices et aux pertes de l'entreprise »*[1].

L'existence de la société tient toujours à la manifestation et à la mise en œuvre, de la part des associés, de la volonté de collaborer à une exploitation commune.

*En effet, la participation cumulative aux bénéfices et aux pertes ne saurait suffire à elle seule à caractériser une société dont l'existence dépend de l'intention commune des parties, autrement dit de l'*affectio societatis qui implique le partage et des profits et des risques.

En conséquence, lorsque les faits et les circonstances de la cause ne révèlent pas tous les éléments constitutifs du contrat

---

[1] Cass. com., 25 juill. 1949, n° 49-39.306.

de société (*affectio societatis*, mise en commun d'apports, répartition des bénéfices et pertes), les juges ne peuvent proclamer l'existence d'une société... sans dénaturer la convention des parties et inexactement interpréter les actes par lesquels s'était manifestée la mise en œuvre de cette convention[2].

L'existence de l'*affectio societatis* joue non seulement un rôle au moment de la formation de la société, mais aussi de son exécution. Elle est *« le révélateur de l'existence d'une société, le régulateur de la vie sociale et encore, le moyen de distinguer la qualité d'associé des situations voisines »*[3]. Il en résulte que la notion d'*affectio societatis* bénéficie d'une grande souplesse.

Depuis un arrêt rendu le 3 juin 1986[4], la Cour de cassation a donné sa propre définition de l'*affectio societatis* : *« Les associés collaborent de façon effective à l'exploitation dans un intérêt commun et sur un pied d'égalité, chacun participant aux bénéfices comme aux pertes »*[5].

La notion d'*affectio societatis* paraît ainsi avoir un contenu variable, susceptible de s'appliquer dans de nombreux cas de *crowdfunding*. Elle présente un aspect subjectif, l'intention de collaborer, et un aspect objectif qui correspond à une collaboration active à la poursuite d'un objectif commun et une participation égalitaire à la gestion des affaires sociales.

Cette conception extensive de l'*affectio societatis* permet d'embrasser plusieurs situations relevant du *crowdfunding*.

---

2 Cass. com., 16 juin 1998, préc. *adde,* CA Rennes, 2e ch., 15 janv. 1957, P...c/ C... et Guyot ès qualités : JCP G 1957, II, 10034, obs. Ch. Lapp.

3 A. Viandier, La notion d'associé, Thèse Paris, 1978, n° 76.

4 Cass. com., 3 juin 1986, n° 85-12.118, Roth c/ Reynaud, *Juris-Data* n° 1986-701264 ; Bull. civ. IV, n° 116.

5 Cass. com., 9 avr. 1996 : Rev. sociétés, 1997, p. 81, note F. Bénac.

Ainsi, les situations non qualifiées à l'origine sont attirées dans la sphère de la société en participation.

Récemment, la Cour de cassation a révélé l'existence d'une nouvelle hypothèse de société créée de fait : une société dissoute maintient son activité et voit l'*affectio societatis* des associés persister[6].

Hormis ce cas, qui illustre le pragmatisme des juges, deux situations sont à envisager. Elles sont compatibles avec le *crowdfunding*. Tantôt les associés ont l'intention de constituer une société, mais ne se sont pas préoccupés de choisir une forme déterminée : cette volonté incomplète suffit puisqu'elle est la base de toutes les sociétés.

Tantôt la volonté ne se découvre qu'*a posteriori*. Le comportement des parties révèle qu'à un moment donné, elles ont entendu constituer une société, mais que cette volonté ne s'est pas manifestée expressément. Le consentement a donc existé, même si ultérieurement un ou plusieurs associés l'ont nié parce que la société a produit des conséquences défavorables à leurs intérêts.

En somme, dans la plupart des contrats, les intérêts des parties sont opposés. Cela est vrai notamment dans les contrats synallagmatiques, qu'ils soient commutatifs ou aléatoires. Le vendeur cherche à vendre cher, l'acheteur à acheter bon marché. La survenance du risque est une perte pour l'assureur, alors qu'elle est pécuniairement indifférente à l'assuré, dans la mesure justement où il s'est garanti contre celle-ci.

Au contraire, les associés ont des intérêts qui sont fondamentalement identiques. Tous profitent du développement de la société ; tous souffrent de ses difficultés[7].

---

6 Cass. 1re civ., 13 déc. 2005, JCP G 2006, IV, 1139.

7 D. Schmidt, De l'intérêt commun des associés : JCP E 1994, I, 3793.

De nouveau, et faisant référence au cas d'un porteur de projet qui souhaite produire une œuvre, le défaut de parallélisme des intérêts permet de distinguer la société du contrat d'édition, lorsque l'auteur est rémunéré par un pourcentage sur les bénéfices. Certes, l'auteur, porteur de projet, et l'éditeur souhaitent le succès de l'œuvre. Mais l'auteur peut préférer l'estime des spécialistes, tandis que l'éditeur recherchera d'abord le succès commercial, quitte à ce que la qualité de l'ouvrage éventuellement s'en ressente. Il n'y a donc pas en principe société, faute d'*affectio societatis*.

Toutefois, il est particulièrement délicat de déterminer la nature juridique de la collaboration littéraire. Celle-ci rappelle la société puisqu'on y trouve des apports en industrie et l'intention de réaliser des bénéfices ou de partager les risques de non-édition. En outre, la préparation d'une œuvre de collaboration suppose une égalité entre les participants, contrairement à ce qui se produit dans une œuvre collective[8].

Certes, le *crowdfunding* ne met pas tout à fait sur un pied d'égalité le porteur de projet et les investisseurs, car leurs contributions sont différentes ; mais l'intention commune est bien réelle. Certes encore, l'article L. 113-3 du Code de la propriété intellectuelle conclut que l'œuvre de collaboration donne naissance à une propriété littéraire ou artistique commune entre les coauteurs. Ainsi, *« de tout temps, les hommes se sont réunis afin d'être plus efficaces dans l'exploitation des biens »*[9]. *« Mais, la jurisprudence a pu consacrer une société créée de fait par la volonté de s'associer, manifestée par ses membres en vue d'exploiter les œuvres littéraires ou musicales créées en commun »*[10].

---

8 CPI, art. L. 113-2.

9 P.-Y. Gautier, Propriété littéraire et artistique, PUF, 6e éd., 2007, n° 708, p. 785.

10 Cass. 1re civ., 25 janv. 2000, Dr. sociétés 2000, comm. 71.

B/ Le défaut d'immatriculation de la société

L'existence de la société, en tant que personne juridique indépendante, dépend de son immatriculation. À défaut, la société existe, mais n'est pas distincte de ses associés.

1. L'absence d'immatriculation

La société en tant que contrat n'acquiert la personnalité morale indépendante, distincte de ses associés qu'à son immatriculation.

L'article 1842 du Code civil prévoit que *« Les sociétés autres que les sociétés en participation* [...] *jouissent de la personnalité morale à compter de leur immatriculation.*

Jusqu'à l'immatriculation, les rapports entre les associés sont régis par le contrat de société et par les principes généraux du droit applicable aux contrats et obligations. »

L'immatriculation s'entend du dépôt au greffe du tribunal de commerce et des sociétés et l'émission d'un extrait KBIS suite à la validation du dossier de formalité par le greffe.

Dès ce moment, la société a une existence propre indépendante de celle de ses associés.

2. La révélation d'une société en participation

En matière de *crowdfunding*, et faute de qualification juridique, l'existence d'une société sans immatriculation fait naître une société en participation, sinon une société créée de fait.

Alors que la société en participation est une forme juridique purement contractuelle et voulue comme telle par ses participants, la société créée de fait résulte d'une qualification *a posteriori* par les tiers ou par les associés pour régler un litige, en général d'ordre pécuniaire. Dans cette hypothèse, les associés n'ont pas manifesté la volonté, et même souvent n'ont pas eu conscience, d'agir dans le cadre d'une société organisée ; mais leur collaboration a toutes les caractéristiques d'une collaboration sociétaire[11].

La qualification de société créée de fait va permettre d'appliquer au groupement considéré la réglementation des sociétés en participation[12], soit pour en organiser la liquidation, soit pour mettre en œuvre la responsabilité des coassociés. Sauf à pouvoir invoquer la théorie de l'apparence (ce qui suppose d'être un tiers), la reconnaissance de l'existence de la société créée de fait est subordonnée à la preuve de la réunion des éléments du contrat de société[13].

Selon l'article 1871 du Code civil, « *les associés peuvent convenir que la société ne sera point immatriculée. La société est dite alors 'société en participation'. Elle n'est pas une personne morale et n'est pas soumise à publicité. Elle peut être prouvée par tous moyens* ».

Elle résulte de l'existence de la société, les conditions de son existence sont remplies ; mais elle n'est pas immatriculée.

En matière de *crowdfunding*, l'existence de la société n'est pas toujours perçue comme telle par les parties prenantes. Elle résulte de la situation de fait, sans pour autant qu'il y ait une volonté, ou même une conscience, de constituer une société, fût-ce en participation. Ils parlent de projet et ce sont les termes et la mise en œuvre de ce projet qui suscitent la société.

Les effets de l'existence de cette société non immatriculée bouleversent le projet initial par les conséquences, redoutables, qu'elle peut engendrer. Ces effets sont paradoxaux, en ce sens que les effets juridiques de l'existence

---

[11] C. civ., art. 1832.

[12] C. civ., art. 1873.

[13] Cass. com., 26 mai 2009, *Juris-Data* n° 2009-048376.

d'une telle situation sont antinomiques avec la volonté des parties prenantes au projet.

II – Les risques induits par l'existence d'une société en participation

La qualification de société en participation d'un projet financé par le *crowdfunding* expose ses parties prenantes à des risques importants.

Au-delà de la prise de risque, l'existence d'une société en participation conduit à un paradoxe eu égard aux objectifs poursuivis par les parties recourant au *crowdfunding*.

Alors que l'investisseur voit dans le *crowdfunding* un moyen d'investissement raisonnable, sécurisé, il s'expose à perdre tout cadre juridique sécurisé et, pire, à devoir prendre en charge le passif du projet.

Alors que le porteur de projet espère pouvoir facilement accéder à une source de financement pour développer son projet, il risque d'être dépossédé d'une partie de ses droits.

Le risque porte tant sur la perte des apports de chacun que sur l'exposition à un risque de passif illimité.

A/ Les menaces pesant sur les contributions positives des parties prenantes

L'absence d'immatriculation de la société qualifiée de fait ou de la société en participation expose les parties prenantes au projet de *crowdfunding* à des risques certains.

Or, l'absence de personnalité morale de la société et sa qualification de société en participation créée d'importants risques juridiques pour l'investisseur.

1. Une contribution au gain menacée par la nullité des actes découlant d'une société en participation (sans personnalité morale) et le recours de fait à la négociabilité des titres (interdite), voire à l'offre publique de titres financiers

L'article 1841 du Code civil prévoit qu'« Il est interdit aux sociétés n'y ayant pas été autorisées par la loi de procéder à une offre au public des titres financiers ou d'émettre des titres négociables, à peine de nullité des contrats conclus ou des titres émis ».

L'interdiction générale portée à l'article 1841 du même Code a paru suffisante : à défaut d'y être autorisées par la loi, les sociétés ne peuvent pas faire publiquement appel à l'épargne ou émettre des titres négociables, à peine de nullité des contrats conclus ou des titres émis.

En matière de *crowdfunding*, les porteurs de projet n'ont pas toujours conscience de l'existence de la société au sens juridique.

Les investisseurs accordent un financement qui constitue, en réalité, un apport dans le cadre d'une société non immatriculée.

Il s'agit néanmoins d'une société.

Or, le *crowdfunding* s'adresse par définition à une multitude d'investisseurs, de sorte que les critères de l'offre publique de titres financiers peuvent être facilement remplis[14].

Ainsi, le *crowdfunding* place l'investisseur – sans que celui-ci en soit toujours informé et conscient – dans une situation d'associé ayant fait l'objet d'une offre publique de titres financiers.

---

14 Cf. *supra*.

Le risque de contribuer au gain, et plus généralement les accords qu'il croit avoir souscrits, peuvent être frappés de nullité. Ainsi, le pacte d'investisseur dont il est censé bénéficier et qui l'a déterminé à investir, risque fort d'être nul et donc totalement inopérant.

2. La menace sur la contribution (apport) originelle de l'investisseur et du porteur de projet

L'existence d'une société révélée dans une opération de *crowdfunding* expose les contributeurs, ou plutôt les apporteurs, à un risque de « dépossession » de leurs actifs.

En effet, le lien établi en droit français entre la personne et le patrimoine a pour conséquence qu'une société en participation ne peut avoir de patrimoine distinct de celui de chaque associé[15].

En conséquence, les apports ne sont pas transmis à une personne distincte des associés. Ils restent, le plus souvent, la propriété de chaque apporteur ou bien ils sont mis en indivision.

En pratique, on constate très souvent l'existence d'un fonds social constitué par les biens affectés à la réalisation de l'objet social. Mais juridiquement il n'y a pas d'actif social, en ce sens que cet actif ne peut pas être la propriété de la société en tant que personne juridique distincte.

Le recours à l'indivision a toujours été admis, comme par exemple pour la dénomination collective d'un groupe d'artistes musiciens[16].

Dans cette logique, l'article 1872 du Code civil dispose que :

---

15 Cass. civ., 28 oct. 1940 : Journ. sociétés 1944, p. 104.

16 Cass. 1re civ., 25 janv. 2000, *Juris-Data*, n° 2000-000254 ; JCP G 2000, p. 285.

« A l'égard des tiers, chaque associé reste propriétaire des biens qu'il met à la disposition de la société.

Sont réputés indivis entre les associés les biens acquis par emploi ou remploi de deniers indivis pendant la durée de la société et ceux qui se trouvaient indivis avant d'être mis à la disposition de la société.

Il en est de même de ceux que les associés auraient convenu de mettre en indivision.

Il peut en outre être convenu que l'un des associés est, à l'égard des tiers, propriétaire de tout ou partie des biens qu'il acquiert en vue de la réalisation de l'objet social ».

Certes, chaque associé reste propriétaire de son apport.

Mais les biens acquis, grâce aux revenus de la société, peuvent être considérés comme des biens indivis. Dans ce cas, la contribution indivis conduit à une forme de dépossession, au préjudice du contributeur qui voit « son » bien devenir indivis par son usage dans le cadre de la société en participation.

Dès lors, les règles régissant l'indivision s'appliquent comme celles de la majorité renforcée et de l'unanimité pour certaines décisions graves[17].

---

[17] L'article 815-3 du Code civil énonce :

« Le ou les indivisaires titulaires d'au moins deux tiers des droits indivis peuvent, à cette majorité :

1° Effectuer les actes d'administration relatifs aux biens indivis ;
2° Donner à l'un ou plusieurs des indivisaires ou à un tiers un mandat général d'administration ;
3° Vendre les meubles indivis pour payer les dettes et charges de l'indivision ;
4° Conclure et renouveler les baux autres que ceux portant sur un immeuble à usage agricole, commercial, industriel ou artisanal.

Ils sont tenus d'en informer les autres indivisaires. A défaut, les décisions prises sont inopposables à ces derniers.

Toutefois, le consentement de tous les indivisaires est requis pour effectuer tout acte qui ne ressortit pas à l'exploitation normale des biens indivis et pour effectuer tout acte

Par exemple, nous pouvons nous interroger sur le sort du droit d'auteur d'un artiste financé grâce au *crowdfunding*. Ses droits deviendraient indivis puisqu'ils seraient financés grâce aux revenus de la société en participation. Son apport en industrie et ses droits immatériels contribuent totalement à la société et sont alimentés par les revenus.

Dans ce cas, l'application des règles régissant l'indivision aboutit à altérer la pleine propriété des droits immatériels sur l'œuvre de l'artiste porteur du projet.

En revanche, si la société était immatriculée, il aurait toute latitude pour organiser le sort de son apport et la gestion des fruits du projet – chose impossible dans le cadre d'une société en participation.

B/ Le risque de perte décuplé au-delà de l'apport initial

Faute de personnalité morale distincte, chaque associé s'engage, seul, sans impliquer les autres associés. Pourtant, l'existence d'une société et la nécessité de protéger les tiers justifient que la solidarité s'applique entre associés dans leur engagement avec les tiers. Cette solidarité est redoutable, dans la mesure où elle peut conduire un investisseur modeste à être responsable solidairement des engagements pris par le porteur de projet, alors même que l'investisseur a peu de contrôle sur la gestion.

---

de disposition autre que ceux visés au 3°.

Si un indivisaire prend en main la gestion des biens indivis, au su des autres et néanmoins sans opposition de leur part, il est censé avoir reçu un mandat tacite, couvrant les actes d'administration mais non les actes de disposition ni la conclusion ou le renouvellement des baux ».

1. Risque de solidarité pour les associés d'un projet qu'ils ne pilotent pas

L'application des règles régissant la société en participation à une opération de *crowdfunding* expose les parties prenantes à un risque de devoir faire face à tout ou partie du passif généré par le projet, et ce sans que le débiteur soit maître du projet.

En principe, les engagements concernant la réalisation de l'objet social sont pris par le gérant pour les associés en leur nom personnel et, en principe, n'engagent que lui[18].

L'article 1872-1 du Code civil prévoit :

« Toutefois, si les participants agissent en qualité d'associés au vu et au su des tiers, chacun d'eux est tenu à l'égard de ceux-ci des obligations nées des actes accomplis en cette qualité par l'un des autres, avec solidarité, si la société est commerciale, sans solidarité dans les autres cas.

Il en est de même de l'associé qui, par son immixtion, a laissé croire au cocontractant qu'il entendait s'engager à son égard, ou dont il est prouvé que l'engagement a tourné à son profit ».

Ainsi, dès lors que la société en participation revêt un caractère commercial, les actes réalisés par un associé dont la qualité est connue des tiers engagent l'ensemble des autres associés qui pourront être tenus de payer, de par la solidarité, la totalité de la dette.

Cette solidarité des associés peut être aisément mise en œuvre. Elle est redoutable pour un investisseur qui n'a pas nécessairement le contrôle sur la réalisation du projet et sur l'utilisation des fonds qu'il a investis.

Par exemple, la participation par un investissement minime dans un projet de développement d'une œuvre

---

[18] C. civ., art. 1872, al. 1.

artistique peut induire l'engagement solidaire de cet investisseur pour apurer le passif généré par le projet.

Cette solidarité est d'autant plus redoutable que les mécanismes de protection des sociétés ne sont pas applicables, faute de personnalité morale.

2. Inapplication du régime protecteur des procédures collectives de règlement ou de liquidation

Les conséquences de la révélation d'une société en participation prennent un contour particulier. En cas de difficulté, les associés ne peuvent pas espérer bénéficier, au niveau de la société, d'une procédure collective afin de faire face à une défaillance de la société.

Faute de personnalité morale, et n'ayant ni actif ni passif, la société en participation ne peut pas être soumise aux procédures de redressement ou de liquidation judiciaire[19].

Ces procédures ne peuvent affecter que les associés considérés individuellement[20]. Tout au plus pourront-elles atteindre plusieurs d'entre eux, voire tous, si chacun remplit les conditions exigées pour leur application, notamment s'ils revêtent la qualité de commerçant[21].

---

19 J.-Cl. Hallouin, Les sociétés non immatriculées face au redressement et à la liquidation judiciaires : JCP E 1989, I, 15416.

20 Cass. com., 23 nov. 2004, Dr. sociétés 2005, comm. 29, note J.-P. Legros.

21 Cass. com., 14 juin 1994 : JCP G 1994, IV, 2078.

TABLE DES MATIÈRES

Structures éditoriales du groupe L'Harmattan

L'Harmattan Italie
Via degli Artisti, 15
10124 Torino
harmattan.italia@gmail.com

L'Harmattan Hongrie
Kossuth l. u. 14-16.
1053 Budapest
harmattan@harmattan.hu

L'Harmattan Sénégal
10 VDN en face Mermoz
BP 45034 Dakar-Fann
senharmattan@gmail.com

L'Harmattan Cameroun
TSINGA/FECAFOOT
BP 11486 Yaoundé
inkoukam@gmail.com

L'Harmattan Burkina Faso
Achille Somé – tengnule@hotmail.fr

L'Harmattan Guinée
Almamya, rue KA 028 OKB Agency
BP 3470 Conakry
harmattanguinee@yahoo.fr

L'Harmattan RDC
185, avenue Nyangwe
Commune de Lingwala – Kinshasa
matangilamusadila@yahoo.fr

L'Harmattan Congo
219, avenue Nelson Mandela
BP 2874 Brazzaville
harmattan.congo@yahoo.fr

L'Harmattan Mali
ACI 2000 - Immeuble Mgr Jean Marie Cisse
Bureau 10
BP 145 Bamako-Mali
mali@harmattan.fr

L'Harmattan Togo
Djidjole – Lomé
Maison Amela
face EPP BATOME
ddamela@aol.com

L'Harmattan Côte d'Ivoire
Résidence Karl – Cité des Arts
Abidjan-Cocody
03 BP 1588 Abidjan
espace_harmattan.ci@hotmail.fr

Nos librairies en France

Librairie internationale
16, rue des Écoles
75005 Paris
librairie.internationale@harmattan.fr
01 40 46 79 11
www.librairieharmattan.com

Librairie des savoirs
21, rue des Écoles
75005 Paris
librairie.sh@harmattan.fr
01 46 34 13 71
www.librairieharmattansh.com

Librairie Le Lucernaire
53, rue Notre-Dame-des-Champs
75006 Paris
librairie@lucernaire.fr
01 42 22 67 13

www.ingramcontent.com/pod-product-compliance
Lightning Source LLC
La Vergne TN
LVHW011304061026
849535LV00005B/1398
9782336415284